北海道犬旅サバイバル

服部文祥

みすず書房

北海道犬旅サバイバル　目次

II　中盤戦

Ⅲ　後半戦

北海道犬旅サバイバル

序章　旅立ち前

二〇一六年～二〇一九年

五〇を前に惑う

四〇にして惑わずという言葉がある。四〇歳を越えると、人生についてあれこれ悩まなくなるということだと理解している。私も四〇歳を越えたある日、もう、登山と文字表現で生きていくしかないと覚悟を決めた。

ライフワークを他のジャンルに鞍替えしても、登山や文字表現で到達している深みに至るのは、体力的、時間的に「もう無理」と悟ったのである。

もしゼロからやり直すとしたら、たとえ遺伝子がまったく同じでも、それは私の人生ではなく、別の人間の人生になる。私のようで私ではない。だから、正確に表現するなら「惑わず」ではなくて「惑えず」である。

それが五〇歳を目前にして加速した。膝が痛み出したのである。ケガや不調はこれまでもあった。今回はそのケガが治らなかった。走るのをやめて数日経っても痛みが引かない。

私の代謝は止まってしまったのか？

末娘が所属する中学校陸上部御用達の接骨院に行った。

「歩いたり、軽く走ったりするのに支障はないんですよね」と医者がレントゲンを見ながら問う。

私は膝の痛みを抱えながらも登山を続けていた。陸上でもこれまでと似たようなことは何とかできた。だが、私の希望は年齢別の陸上競技会で上位入賞しつづけることだった。

「一キロ三分、四〇〇メートル一分で走ると膝が痛むんです」と私は言った。

医者の眉間にシワが入り、口元がゆがんだようにみえた。自分がアスリートオヤジであることを短い時間に主張しすぎてしまったのかもしれない。

医者は言った。

「長く（体を）使ってきたので、今後も激しく追い込みつづけるのはもう無理だと思いますよ。これからは一日でも長く健康でいられるように、だましだましやっていく方向にシフトしたほうがいいですね」

それは登山引退勧告だった。

「どうですか、競泳のマスターズは」と医者は笑った。

どうやら根本的に生命体としての活動が終焉に向かって落下しているようだ。ここ数年、野生獣を相手にして「自分がゆっくり死んでいる」と、意識させられることが増えた。

まず、年老いた野生獣に出会うことがほとんどない。獲物たちは人間に換算すれば私よりはるかに若くて生き生きした個体ばかりだ。それを撃つ。被弾した獣《けもの》に文字どおりの意味での「即死」はありえない。生命体というのはそういうものではない。脳や脊椎系を壊せば、その場で崩れ落ちて痙攣《けいれん》するが、自律神経系の心臓や肺は数分は動いている。被弾がバイタル系（心臓や肺）なら鹿は二〇〇メートルから三〇〇メートルくらい走る。消化器官しか壊せなかったら一キロ以上逃げることもある。前脚、後脚に着弾し、動脈を壊せなかった場合は、追いつけないほど遠くへ逃げていくこともある。

消化器官や四肢に弾が入った獣を、追いかけて追いついたところで、相手がこちらに気がついてまた走るということも珍しくない。倒れているように見えた獣が立ち上がって走ると、「まだ生きてんな」とついつぶやいてしまう。

だが、内臓に弾が入っていれば、長時間生きながらえることはできない。被弾直後に移動することはできても、その命は近い将来の死に向かって急速に落ちつづけている。

致命弾を受けたもののまだなんとか動ける状態は「生きている」といえるのだろうか？　それは「まだ生きている」のではなく「ゆっくり死んでいる」のではないのか。

ここで「じゃあ、おまえはどうなのだ」という自問が頭の中に響く。

私も長いスパンでみれば死が確約されている。もう人生の中間地点は完全に過ぎた。ゆっくり死に向かっている。消化器官に弾を受けてなんとか逃れようとする鹿と中年を越えた私の違いは、死に向かって転げ落ちる坂の傾斜だけだ。

若いころは、そんなことを考えもしなかった。体は成長し、できることは増えていった。そのまま大人の社会の一員になった。

もっとも生命力が溢れ生産的だった二〇代中ごろから三〇代前半を仮に一〇〇としよう。青年期は一〇〇には満たないものの、一〇〇に向かってぐんぐん成長していた。生命力がマックスだった時期を過ぎ、四〇歳のころからベクトルは緩やかな下降線を描いたはずだ。五〇歳を前に、九〇ほどを保てていても、ベクトルが下を向いているのは間違いない。私も手負いの鹿と同じく、ゆっくり死んでいるのだ。

ゆっくり死んでいる者が、これから種を繁栄させていく生命力溢れる生き物を殺して食べていいのだろうか。

サバイバル登山でイワナを食料にすることで、食べ物とは本来、自分で獲って殺すものなのだと実感した。それが狩猟を始めた大きな原動力だった。狩猟はやってみると、とても興味深い行為だった。始める前はまったく想像もしなかったような感情を体験し、そこから思いもよらぬ思考が育まれた。食料とはいのちであること。いのちはいのちを食べ、いのちはいのちに食べられて、生態系はまるで大きな生命のうねりのようにつづいていること。明日私が食べるかもしれない生命と、明日私を食べるかもしれない生命がともに生きる。それが生命のありかただ。狩猟はそんな世界観に私を導いた。

食べ物がいのちであるなら、生きるため（食べるため）にはいのちを殺さなくてはならない。殺生は生きるためにあたりまえの行為なのに、なぜか人は後ろめたさを感じてしまう。

ドライな狩猟仲間は「殺生にまつわるマイナス感情そのものが無意味、もしくは自己憐憫にすぎない」という。たしかにともに狩りをする犬（ナツ）や庭のカマキリなど肉食性の生き物を観察するかぎり、獲物を殺すことに後ろめたさを覚えているようすはない。

それでも私のなかには殺生にともなう後ろめたさがたしかにある。その感情がどこから来るのかずっとずっと考えて「自分の命を優先しているのだ」と気がついた。自分にとって自分の命はもっとも大切で優先すべきものであることは明白である。だが、この世界にとってはどうなのか、と聞かれたら、私は言葉に詰まってしまう。正直なところ、自分が野生獣を殺してまで生きながらえる存在なのか自信がない。

一方で、すべての命が生きながらえ繁栄しようとする意志のベクトルのようなものがぶつかり合って均衡を保ち、生態系は維持されている（と私は考えている）。だとすれば私の生きようとする意志もわずかながら生態系のエネルギー源になっているはずだ。ただ、私と獣たちのぶつかり合うベクトルは、私に文明という強大な後ろ盾があるため、釣り合いがまったくとれていない。私が圧倒的に有利なのだ。しかも、人間は社会というシェルターを作ってまるで生態系から離脱しようとしているようにも見える。

山の中では、つぎの瞬間もこの世に存在するため、その瞬間に考えうる最善の努力を積み重ねる。それは、自分が生きていると実感することだった。山で食料を獲り、燃料（薪）を集め、長期間移動しつづけることで、まるで山の一部として山に溶け込めたような自己肯定感を得ることもできた。狩猟を始めて、命にまつわることを自分なりにとことん考えた。解決していない疑問もあるが、その思考もそのまま生きている実感といえた。

山村の狩猟チームで修行しているときに、老齢の猟師が「鉄砲を置く（狩猟をやめる）」と宣言したことがあった。「自分が年老いて、生きているか死んでいるかわからないのに、生き物を殺すのがもういやになった」とその老猟師はいった。

そのときの私はまだ若く狩猟を始めたばかりだったので「今後も肉を食べるなら鉄砲を置くべきではない」と生意気にも意見した。だが老猟師はさみしそうに笑うだけだった。

いま、私も老猟師の気持ちがすこしだけわかる。自分が食べるだけならシーズンに二頭も獲れば充分である。だが私は毎シーズン二〇頭ほどの鹿を殺している。現時点では子どもたちが成長中なので、彼らの食料という言いわけがある。だが、子どもたちが自立したあとはどうなのだろう。私と妻のための肉などいくらもいらない。狩猟の意味や動機は私のなかにどのくらい残るだろう。

長男は一年浪人してそこそこの大学に入った。次男は高校が面白くないと中退し、アートを独学している。末娘は中学三年生。大学入学時か、大学入学相当で家を出るのがわが家のなんとなくの決まりなので、うまくいけばあと三年で娘も家を離れることになる。

独り立ちの資金（大学の学費と生活費）は七〇〇万円と子どもたちに宣言してあった。私自身が大学時代に仕送りや学費で親に七〇〇万円ほど支援してもらったからだ。三人で二一〇〇万円。現在の貯金額はまだだいぶ足りないが、秋《しゅう》（末娘）が高校を出るまでの三年で少しは増えるだろう。

私は車を所有していない。アルコールはやめた。山旅の七割ほどは取材なので、交通費は経費で出る。山用具はメーカーから提供を受けていて、生命保険は入っていない。自宅の中古住宅のローンはもともとたいした金額ではなかったので完済してある。

メインの仕事である山岳雑誌「岳人」の給料だけで年齢相応の収入があるうえに、新聞や雑誌に原稿を書いたり、本を出したりして小銭ももらえる。この先、妻と二人になったら、年間一〇〇万円もあれば生きていける気がする。だとしたら、子どもたちが独立したあとに積極的にお金を稼ぐ必要がない。毎朝、混雑した電車に乗って、都心のオフィスに通い、人生をすりつぶして、その代償として小銭を貯《た》め込んでも意味がない。

人生は一回なのだから、残りの人生はしたいことをして生きよう、と思った。

だが、私がしたいこととはなんだろう。

若いとき「いちばんしたいこと」とは、自分の才能をもっとも発揮できることであるべきだと思っていた。そう信じていたといっていい。昭和のスポ根マンガに洗脳され、才能効率が最大値になるように生きなくてはならないと信じていたのだ（今でもそれがいちばん楽しい生き方だと信じている)。

スポーツや芸術などの身体表現が好きだった。明治大正の文豪にも憧れた。

だが、プロスポーツ選手になる才能や、ミケランジェロ、運慶級の表現者になる才能はなかった。

少しだけ自信があるのは、心肺機能と度胸と根性と野生環境が好きなことくらい。そこで登山にふらふらと接近した。

少なくともその選択は次善以上ではあったのだろう。そのまま登りつづけて三〇年、山登りをして、それを文字表現に変換することを、人生の楽しみとして生きてこられた。

その先で、膝が痛くなり、お金を稼ぐ積極的な理由が薄まって、もう一度、思った。

「いちばんしたいことをしよう」

いちばんしたいことがなにかを探るために、まず、余命はあと何年なのだろうか、と考えてみた。日本人男性の平均値から割り出せば三〇年強、同年代に比べると体はだいぶ動くほうなのであと四〇年くらいは生きられるかもしれない。今後四〇年この世に存在できると踏んで生活していいのだろうか。

ここで突然、あなたの余命はあと二〇年、二〇年後にぽっくり死にます、と宣告されたとして、私は現在と同じ生活をするだろうかと疑問がわいた。一〇年ならどうだろう、五年は？　一年なら？

犬や野生動物は、明日死ぬとしても、同じ生活を続けるだろう。そもそも未来や時間という概念をもたないし、他の選択肢もない。人間だけが先を見越して、長いスパンで将来に備えて、漠然とした人生設計のうえに生きている。

近い将来で人生が終わる、という仮定は興味深いものの、だからといって刹那的に短絡的な欲を発散させて生きるのは愚かに思える。同じく遠い未来に備えて、いま我慢しすぎるのもしっくりこない。

長く生きつづけるとしても、近い将来に死ぬとしても「変わらない生き方」、もしそんなものがあるならそこに答えがあるかもしれない。

自分の理想がぼんやりとだが見えてきた。まず、これまで培ってきた技術をすべて発揮しながら荒野をどこまでも旅したい。平常は、山村の小屋で自給自足的な暮らしを続けながら、ときどき長く荒野を旅する、スナフキンのように……（スナフキンのことはよく知らないが）。

そんなことを思ったのは角幡唯介の影響でもある。

角幡は自分の経験と体力をあわせた探検の総合力が四〇歳前後で最大になることを予想して、そこに自分の探検行為の集大成が来るように準備を進めていた（とどこかに書いていた）。北極に出向き、GPSの存在に疑問をもって六分儀とコンパスと地図で北極圏を歩くことをめざし、それが極夜の北極圏を旅する探検に結びついた（その探検記『極夜行』を発表して、大佛次郎賞まで獲った）。

私はこれまで自分の集大成なんてまったく意識していなかった。いや、どこかで意識していたのに集大成のような活動に挑むことを怖れていたのかもしれない。これまで積み上げてきたことをすべて発揮するような大きな旅は、やりがいがあっても、リスクも大きい。それが怖くて、どこかで日々の雑事に逃げていたのではないか。一〇日ほどのサバイバル登山は、挑戦しているつもりだったが、終わってみればリスクの少ない賭けをしてきただけにも思える。

私も、自分の才能をひとつ残らず発揮できる山旅をしたい。

それは心の奥底の小さなつぶやきだが、魂の叫びでもあった。

だが、現実問題として、日本にはもう登る山がなかった。山は変わらずそこにあるが、残された時間をつぎ込んで踏破するべき、目標となる未踏のラインは見つからない。規模の小さなエリアか、一回以上歩いた新鮮味の薄い山塊だけだ。

海外は？　という提案も周囲からときどき受け、いわれるまでもなく、何度となく検討してきた。

だが、そこには複数のハードルがあった。

獲物や銃などの法律の問題。

食べ物に関する知識の問題。

外国人は自由度が乏しく費やす時間ほどの達成感がない問題。

憧れとする最終目標になるような地理的到達点がない問題。

私のなかで規模の大きな海外のフィールドは、自分のフィールドとして成熟していなかった。

さらに、わざわざ海外に行って、そこにいる生き物を殺して食べるのもしっくり来ない。そもそも命は、殺し殺されながら共生するという矛盾を孕む存在だと私は思っている（だから私もいつかなにかに食されなくてはならない）。ところが海外の生き物たちには、同じ生活圏で共存しているという感覚を強く抱くことができない。わざわざ出かけていって、撃って食べるのは、ゲストが一方的に狩猟を楽しんでいるような気がしてしまう。

いま一度、自分の持ち駒と現実的にできることを並べ、そのなかからほんとうに自分のやりたいことを考えてみた。

その先で心に浮かんだのは、やはり鉄砲を肩にどこまでも荒野を旅するイメージだった。足元では赤毛の犬が私を見上げていた。

じつはここ数年、山旅の楽しみとして新たに導入していることがひとつあった。犬である。

狩猟の相棒として、また、いっしょにいて心がなごむパートナーとして、さらには自身の身体能力が頭打ちになり自分自身ができることへの興味が低下した代わりとして、私は犬といっしょに山を歩くようになった。

そして荒野の旅のイメージ画像には、いつも私のかたわらに赤毛の犬がいた。

ナツとの出会い

子どものころからずっと犬を飼いたいと思っていた。公団の団地住まいでは飼えないことがわかっていたので、私はことあるごとに一軒家に引っ越そうと両親に提案した。

「なんで?」と母親は聞いた。

「犬を飼いたいから」私はくり返し答えた。

六〇年安保世代の両親にとって集合住宅で暮らすことは、この世界にたいする誠実な態度のひとつだった。だからわが家が引っ越すことはなく、私は青春時代を自意識と受験戦争に費やし、壮年時代を山と仕事と家庭(繁殖)に明け暮れ、そこに犬を飼う余裕は存在しなかった。中年にさしかかったころに狩猟を始め、先輩猟師が連れている犬に接する機会が増えた。狩猟の勉強のために手にとった狩猟文学や北極圏の報告でも犬が活躍していた。野田知佑さんと知遇を得て、野田さんと暮らすアレックスやハナといっしょに猪狩りをした。

そしていよいよ犬を飼うめぐり合わせが向こうからやってきた。

きっかけは鶏を飼いはじめたことだった。まず、卵を狙った蛇(アオダイショウ)が鶏小屋に出没するようになった。そのアオダイショウを捕まえて食べてしまった。すると家の中に鼠が出没するようになった。罠では子鼠しか獲れず、親鼠は人がいても居間を走った。抜本的な対策として、人類が長年採用してきた方法を採ることにした。猫を飼うのである。私の新提案にはなにかと難色を示す妻もこれには賛成した。

だが猫を飼いはじめてしまったら、今後、犬を飼うことが難しくなるかもしれない（犬が猫をいじめるから）。犬を飼うという子どものころからの夢をかなえるには、猫と同時に犬も飼いはじめるしかない。というか同時のほうが猫と犬が仲良くなるから好都合だ、と私は考えた。

そして鼠対策の猫を探しているそのときに、北海道の自然写真家、伊藤健次さんの新刊『アイヌプリの原野へ』が発売され、その本に関して健次さんとちょっとしたやり取りをした。そのメールの最後に、家に居着いている野良犬が子犬を産んだと書き添えてあった。

犬を探していることは伝えていなかったので、私はそこに運命的な匂いを嗅いだ。「その子犬、もし貰い手が決まっていないなら興味があるのですが……」とメールを返信した。

健次さんから返ってきたメールには「ひとつの命と真剣に向き合う覚悟があるなら電話して」とあった。

チャロと呼ばれている子犬を産んだ野良犬は、野良犬がほぼいなくなった北海道で、小動物を狩るなどしてたくましく自給してきたらしい。健次さんがチャロに初めて会ったのは、鹿の死骸の横だったという。チャロが鹿を倒したのか、狩猟者に撃たれた鹿が力つきたのかはわからない。以来、なぜかチャロは健次さんの家の周りをうろつくようになり、餌をもらうことはあっても、媚びることはなく、健次さんはチャロに触れたことは一度もないという。

「命と命は相性がある。顔を合わせればおおよそわかる。だから一回見に来たらいい」と健次さん。

「前向きに家族と相談します」

「猟犬として考えているの？」

「いや、まだそこまでは……」

猟犬として考えていた。だが獣を追うハウンドドッグにしたいわけではなかった。猟も山旅もぜんぶ含めて、いっしょに生きてみたかった。

「チャロはけっこうやるから、その子も猟にも使えるかもしれない。野良化を防ぐためにもブンショウの家族に慣れるためにも、固形物を食べるようになったら、母犬から離したほうがいい。あと一週間といったところかな」

予防注射や登録が済んでいなくても犬を飛行機に乗せられるのか心配になり、調べてみると国内便には規制がなかった。健次さんの家は新千歳空港から車で小一時間なので日帰りでもなんとかなる。

野性の池と雑木林に囲まれた開墾地のはずれに健次さんのログハウスは建っていた。私のレンタカーを見て吠えまくっているのは、子犬のお姉さんのキラである。庭のはずれから母犬のチャロがすべてを理解しているような顔で、こっちを見ていた。横浜から持ってきた鹿の骨をチャロに投げると、咥えて走っていった。

わが家にとってはじめての犬なので飼いやすいとされる雌と決めていた。子犬三匹中、雌は一匹だったので、品定めする必要はなかった（雄一匹はすでにもらわれていた）。最終判断は子犬の顔を見てからと、妻と約束して出てきたが、もはやどうでもよかった。メールを受けた一〇日後に私が北海道に来ていることが、子犬と私の縁だった。

クロスカントリーのコースのような健次さんちの敷地で、伊藤家の三人兄妹に近所の子どもを交えてドロケイ（私が刑事でドロボウの子どもたちが逃げまわる）をして、昼飯をごちそうになり、雌の子犬を竹籠にいれた。子犬はキョトンとした顔で鳴きもせず、なりゆきに身を任せていた。

レンタカーに籠を載せるとき、視線を感じて見わたすと、遠くで母犬のチャロがじっとこっちを見ていた。

「大丈夫、ちゃんと飼うから」私はチャロに叫んだ。

チャロはまったく身動きをせずにただこっちをじっと見ていた。

助手席に載せた籠の中で、はじめ子犬は鳴くこともなく静かにしていたが、三〇分ほどでクンクン言いはじめ、右手でハンドルを握ったまま左手を籠に入れてなでると、その手にべったりウンチが付いた。

事件はそれだけで、飛行機に乗せ、赤い電車と銀色の電車を乗り継いで、家に帰って籠を開けた。心細そうに籠から顔を出したその瞬間、子犬はわが家の一員に加わった。四月末に産まれ、連れて帰ってきたのは六月の頭。初夏のさわやかな日だったのでナツという名がついた。

三日後、今度は川越市の加藤さんのところから黒猫をもらってきた。黒猫なので名前はヤマト。予想どおり子犬と子猫は仲良くなり、ヤマトを枕にしてナツは眠るようになった。

その夏の終わりには、もう、ナツを連れて丹沢の裾野へ向かった。レンタカーに乗せたナツは五分で車酔いになり吐いた。丹沢の登山口でリードを外したら、水流というものを知らずに流れに踏み込み、ガレ場から砂利といっしょに転げ落ちた。ハイキングが終わってから、ナツの身体を見ると、足の指のあいだに蛭が数匹へばりついていた。

その冬には、狩猟にも連れ出した。鹿を追いながら同時にナツを猟に慣らしていくことを一人でやるのは難しい。最初は渉猟する私のうしろを、ナツを引きながら秋《しゅう》（末娘）に歩いてもらった。運よく、鹿を仕留めることができ、ナツに見せたが、尻尾を後脚のあいだに巻き込んで、おそるおそる匂いを嗅いでいた。

だがすぐに、ナツは鹿を追って、それを仕留め、食べるとおいしいということを理解したようだった。その後、秋にナツのリードを持ってもらう猟を二回、玄次郎（次男）にも同じことをしてもらった。すべての出猟で鹿を獲り、ナツに獲物を体験させることができた。

玄次郎との出猟で獲ったのは夕方だった。日中さんざん歩きまわったが、鹿との出会いがなく、帰りぎわに仕事道の側道に入ったら、藪の中を親子の鹿が走った。藪を登る鹿のスピードが緩んだところで照準を合わせて引き金を引いた。鹿はくずれるように藪の斜面を落ち、樹に引っかかって止まった。と思ったのだが、鹿はすぐに立ち上がって斜面を登りはじめた。ナツに半矢（手負い）の鹿を経験させるチャンスだ……と余裕があったのは、ひとときで、鹿は初弾の衝撃で崩れ落ちたにもかかわらず、元気に斜面を登っていった。

「未回収になる」と不安になり、ふたたび銃を構えたが、狙いが定まる前に鹿は藪の向こうに見えなくなってしまった。

鹿を狩るために山を歩いていることを理解しはじめていたナツは、鹿を見て、リードを激しく引いた。お守り役の玄次郎が「ナツどうする？」と聞いてきた。

「放してみるか……」

どうなるかわからないので不安だったが、解放してみよう。

とき放たれたナツは、鹿に向かって斜面を駆け上っていった。だが、追っていったのは、撃たなかったほうの鹿だった。

「そっちじゃない」と叫ぶがすでに遅い。

元気な鹿を追って藪の斜面の奥に消えてしまった。いったいどのくらいでナツは帰ってくるのだろう？

私も藪の斜面を上がり、まず鹿の血痕を探した。こうなったら人間だけで、追えるだけ追うしかない。すぐに血痕は見つかった。着弾したときの出血だ。そこから鹿が落ちたラインを辿ると、鹿が引っかかった樹の下にも血が付いていた。さらに鹿が逃げたラインに残る血痕を追っていく。血痕の色と藪に残る血の位置、撃った状況と鹿の動きから、被弾は後脚と予想した。

「オレもそこに行ったほうがいい？」と玄次郎。

「いっしょに血痕を追ってくれ」

若者のほうが目がいいので、半矢追跡には役に立つ。だが、体重が軽い玄次郎は笹藪に押し戻され斜面を登るのに苦労していた。そこにナツが戻ってきた。

すかさずハーネスをつかんで、足元の血痕に鼻面をもっていく。

「これを追え」

初めての半矢追跡である。通じるかどうか？

ナツは血の匂いを嗅いで、半矢の鹿が逃げたほうに向かった。乗ったか？

「オレはナツを追うから、玄次郎は血を追ってくれ」と言い残し、ナツを追った。

ナツは斜面を登り、小尾根の上を少し嗅ぎまわってから逆側の斜面へ下りていった。私もその密集した笹藪斜面をがむしゃらに下る。隣の支流沿いの仕事道に出た。「ナツはどっちだ？」と見まわしていると、下流で鳴いた。声のほうへ走る。三〇メートルも走らないうちに、棒立ちになった鹿の横でナツが吠えていた。次弾を装塡しながら膝をつく。鹿が私のほうを見た。引き金を引いた。鹿がその場で崩れ落ち、銃声に驚いたナツがいったんこちらに駆け戻ってきて、私が立ち上がるのを見て、倒れた鹿のほうに向かっていった。

鹿の匂いを嗅ぐナツを撫でた。それがナツにとって初シーズン最後の鹿になった。

猟期が終わってからもできるだけ山登りに連れて歩いた。若いうちに経験してほしいことはたくさんあるが、犬の成長は早い。登山では基本リードをつけずに歩いた。鹿が多いエリアでは、鹿を追って消えてしまうのが問題だった。二〇分ほどで戻ってくるのだが、五分も戻らないと毎度、もう二度と会えないのではと不安になった。

ナツが一歳の春には、NHKBSの番組で家族（妻と娘）とナツを連れて、下田川内の早出川に行った。残雪が多すぎて、計画どおりの登山ができず、中退になったが、その理由が番組のなかで、残雪ではなく、ナツがへこたれたためになっていた。たしかに岩や氷の上を歩きすぎて、ナツは足の裏を切って血を流していたのだが、そんなこと気にせず元気に歩いていたのだが……。

覚醒の途中

そうやって、ナツをできるだけいろいろなところに連れまわした。三シーズン目の終盤で、ナツの経験は関東近郊の猟に数十回、北海道の狩猟登山にも五回同行していた。夏には長期のサバイバル登山にも連れていった。

おもに鹿を追っていて、そこにときどき猪や熊が入り込んでくる、ということはナツにもわかるようになった。ナツが積極的に追うのは鹿である。

三シーズン目の春には「岳人」の取材にもナツを連れていった。その取材のメインテーマは狩猟ではなく、地図読みをしながら山を歩くというものだったが、取材モデルの仲川希良《きら》さんが、狩猟にとても興味があると言うので、ついでにちょっと狩猟者として格好いいところも見せちゃおうと私は鼻の穴を膨らましてしまった。

取材山行に挑む私の気持ちの優先順位は獲物、登山、ふたつくらい空いて、取材（仕事）だった。だが、現実的には取材をちゃんとこなさないと雑誌を作るときに困ることになる。

カラマツの植林が、雑木になったところでナツが匂いをとった。自由に歩かせると、獲物を散らすので、ナツはリードで繋いである。

見通しのよい雑木の斜面で茶色い物体が動いた。鹿だ。雄に見える。灌木の向こうで立ち止まった。遠い。

ナツは地面に残る匂いに気をとられている。視線が低いので遠くにいる鹿が見えていない。

銃座にできる樹が近くになく、膝を銃座に狙いを定めた。

銃声が森に響く。一瞬遅れて鹿が奥へ駆けていった。はずれた反応だ。射撃後、鹿が見えなくなったときの状況は大きく分けて三つある。一、その場で獲物が倒れている。二、傷ついて逃げている。三、はずれて逃げている。

射撃＝獲物と思っているナツは、興奮して激しくリードを引いた。

鹿が傷つかずに逃げていった場合、ナツはかなりの距離を追いかけてしまう。しかも猟が始まったばかりの朝方は疲れていないので深追いになることが多い。だから放したくなかった。しかし、鹿に弾が当たり、手負いになっている可能性もある。そこに賭けてリードを解いた。ナツは斜面を駆けぬけていく。取材カメラマンの亀田正人とモデルの希良ちゃんを道に残して、私も鹿が立っていたところに急いだ。

やはり血は引いていなかった。ナツははるか遠くまで追いかけていったようだ。登山道に戻ると、後続の登山者があがってきた。これで山頂まで鹿に会う確率はかなり下がる。

初日の取材行程は長かったため、ナツが戻るのを待たずに、登りはじめた。だが、二〇分経ってもナツは戻ってこなかった（私を追ってこなかった）。ときどき止まって犬笛を吹くが姿も音もない。上の水場で休憩が終わっても戻らない。

私は飼い主と取材責任者という立場に挟まれていた。

「ちょっと見てくるから、途中の避難小屋で休んでて」とザックをおいて降りようとしたら、ナツがあがってきた。このタイミングで叱ると、今後、帰ってこなくなる可能性があるので、撫《な》でながら「遠くまで追い過ぎだぞ」と言っておく。

標高が上がり、植生がかわって鹿の気配は乏しくなった。

山頂を越えて稜線に笹原が広がった。

その笹原で三頭の鹿が駆け、遠くで立ち止まった。動くな動くなと念じながら、銃を灌木に依託して引き金を引く。狙っていた一頭の走る筋が他の二頭と違う。入った反応だ。いい感じに思えたので、ナツを放した。

すぐそこで息絶えているかと思ったが、ナツは鹿の群れを追ってずっと走っていってしまった。笹原を観察すると血痕は出ているものの人間の目で追えるほど多くない。追跡するとなると長丁場になりそうだった。

取材のためにこなさなくてはならない初日の行程と、日没までの時間と、血痕を見比べる。私を追って下りてきた希良ちゃんも複雑な顔をしている。狩猟に興味はあるが、モデルであるかぎりは、仕事もいい加減にはできないといったところだろう。亀田もカメラマンとして誌面を作る写真を揃える責任がある。取材責任者の私も鹿を追って、取材ができませんでしたでは許されない。ナツを追って斜面を下ったら、獲ったところで、解体して登り返すのに二、三時間かかるだろう。この鹿は無理だな、と腹を決めた。

そのときナツの遠吠えが森に響いた。傷ついた鹿がチラリと見えたのだろうか。声はかなり遠い。私はもう帰ってこい、という気持ちを込めて犬笛を吹いた。

何度か吹くと、ナツがトコトコと帰ってきた。顔に血が付いていた。

「あれ？　噛んだの？」

ナツは手負いの鹿に追いついて噛んだようだ。三人が困っているのに、一匹だけ満足そうな顔をしている。

これまでも倒れた鹿をナツだけが確認して帰ってくるということが何度かあった。私が血痕をたどり、時間をかけて獲物のところに着くと、「親分はこれを探していたんですか？」という顔で佇《たたず》んでいた。「こういう半矢の鹿を見つけて、教えてほしいんだよ」と撫でるが、その要求は理解できないようだった。今もわれわれを鹿のところに案内する気はまったく見受けられない。

後ろ髪を引かれる思いで取材山行のつづきを歩きはじめた。

だが、その場を去りながら、ナツの遠吠えが耳を離れない。ナツが鳴いたタイミングで、声をかけながら接近していれば、傷ついた鹿がいたのだ。ちゃんとやれば、鹿を得たうえに、（ナツを褒めることで）ナツの仕事をはっきりとナツに示すことができたのである。

ナツを覚醒させる大きなチャンスを逸してしまったと気がついて、私は静かに動転していた。頭に後悔が渦巻くまま歩いていて、三頭の雄の群れに至近距離まで近づいていたことに気がつかず、あわてて撃ち漏らしてしまった。ナツは猟犬として覚醒中なのに、私が足を引っ張っている。

取材にナツを鍛えることを相乗りさせるのが無理だったんだ、とわかっていた。わかっていたが私は美女モデルの前で格好つけたいという欲と、いっぺんにぜんぶやりたいという欲を抑えることができなかった。

一週間後、別の猟場を渉猟中に、四頭の群れが走り、最後尾の鹿を撃った。群れの足並みには変化がないように見えたが、ナツを放し、私は尾根を巻くように続く仕事道を必死で走った。ナツに追われた鹿が尾根の反対側に出ると予想したのだ。だが、しばらく待っても鹿もナツも尾根を越えてこなかった。どうやら尾根をまっすぐ登ったらしい。

銃を撃った場所に戻り、鹿が跳んだラインを見に行くと、血が落ちていた。

針葉樹の暗い森の中、ていねいに血を追っていく。弾が入った鹿は、仲間とはあきらかに違う筋を走っていた。いったん尾根の上に出た血痕がまた、戻っているように見える。下の仕事道を走った私を気取って、方向転換したと考えると筋が通る。その血痕をまた慎重に辿《たど》るのだが、登ってきた血痕と交差してしまい、よくわからない。そこそこ出血はあるので、一つずつ慎重に辿るしかない。

分速一〇メートルくらいで半矢の鹿を追っているところにナツが帰ってきた。すぐに捕まえて、「これこれ」とナツに血痕を示した。

するとナツはいつものように「なんだ、これですか」という感じで、するすると森の中を抜けていった。

「おいおいほんとうにそっちなのか？」とナツに付いて行くと仕事道に下り、そこにも血痕があった。ナツはちゃんと半矢の鹿を追っている。ナツはそのまま仕事道を横切って、下へおりたようだ。下の斜面は藪だった。うんざりしつつ私も藪に入った。もし、ナツが希良ちゃんとの取材時のように鹿に追いついて吠えたら、すぐに行って、鹿を仕留め、今度こそ派手に褒めてやらなくてはならない。

半信半疑で藪の斜面を下りていくと、遠くでナツが鳴いたような気がした。

ん？

「ナーッ」と軽く呼びながらさらに下りると、はっきりナッが吠える声が聞こえた。ナッが働いていると思うと胸がジーンと熱くなった。よーしよし、と声をかけながら、藪の斜面を駆け下った。吠え声はどんどんはっきりしてきた。滑落しないように注意しながら下りて行くと、渓の底に落ちた鹿に向かって、ナッが吠えているのが見えた。

さらに私が近づくと、鹿は私に気がついて立ち上がり、渓を下った。数メートル進んで、小さな滝を転げるように落ちる。ナッはその周りを走りながらワンワン吠えている。

トメ矢を急がなくてはと考えていてひらめいた。このまま渓を鹿が自分の脚で下りてくれたら、運搬が楽だ。われわれがどこにいるのか正確にはわからないが、おそらく渓を五〇〇メートルほど下れば林道に出るはずだ。

だが鹿に、もう歩く力は残っていなかった。しかたなく角を摑んで押さえて、ナイフでトドメを刺し、血抜きして、内臓を出した。もちろん、ナッを派手に褒めるのは忘れなかった。そして渓を引きずって、なんとか林道に出た。予想どおり渓は歩きにくく、林道に出したときはへとへとだった。

この春の一日でナッにとって三回目の猟期が終了した。

そしていよいよ四度目の秋が迫っていた。

「ほんとうにやりたいことはなんなのか」ともう一度、心をクリアにして自分に聞いた。

この先、加齢とともにゆっくり身体は動かなくなり、それにともなって、気力や動機も減退していくだろう。自分自身の集大成といえるような登山はもうできないかもしれない。だが、今できる、今しかできない登山をちゃんとやっておくべきだ。なんとなくイメージするのは、鉄砲を肩に犬といっしょに荒野をどこまでも進んで行く自分の姿だった。

できれば私が憧れる伝説の猟師デルスー・ウザーラのフィールドである極東ロシアを徒歩旅行してみたかった。だが一五〇年前ならともかく、現在の極東はロシアにとって国境なので外国人が狩猟しながら自由に旅行することは難しい。

知識とライセンスと政治的問題から、狩猟の旅は日本でしかできそうにない。獲物捕獲に銃を使うなら、いくつかの条件から北海道がやはり最有力候補になる。すなわち狩猟解禁が一〇月一日と本州より早く、エゾ鹿が多数生息し、エリアも広く、河川の禁漁期間がないから釣りもできるという好条件である。ただエリアが広いといっても日高でさえひと月もあれば端から端まで歩けてしまう。もっと長く荒野を旅したい。

もし北海道が一〇〇年前の状態だったら、長期間の原始的な旅をおこなえるのに……と考えていて、ふと、思いついたことがあった。

二〇一八年の夏に南会津から奥利根への継続したサバイバル登山のときのことだった。その旅で、南会津の袖沢を溯行した後、国道三五二号を跨いで奥利根に入ったのだが、通過した国道部分に商店も自動販売機もなかったため、いったん人里に出たにもかかわらず、里に下りた気がしなかった。他人との交流や買い物で、登山が分断されることもなく、南会津と奥利根を大きなひとつの山塊として歩きとおせた気がした。

街がない→人間の社会システムがない→貨幣経済に参加できないという状況は、山から下りていないと同じだった。これまでのサバイバル登山は山の中ではなにも売っていないので経済活動に参加できなかった。お金がザックの奥で無駄な荷物になる瞬間というのは、自分の力で生きている感覚につながっている。

ならば逆に現金もクレジットカードも持たなければ世界は荒野になるのではないのか？ 商品を買うなどして経済活動に参加しなければ、人工物があっても登山が文明的な物事に汚染されることがないという発想だった。お金を持っていなければ、登山が文明（他人）に干渉されることはない。北海道の山と山のあいだにある街を無視して山をハシゴしたら、それは一〇〇年前の北海道とおなじ、広大な荒野といえるのではないか？

空腹状態でコンビニの前を素通りするにはそれなりの意志がいる。だが、そもそも現金を持たなければ、我慢する必要がない。

そんな旅ができるのだろうか？ 脳内シナプスが激しくスパークしはじめた。

その旅ができるならいちばんやりたいことに近いかもしれない。

期間は北海道の狩猟が解禁される一〇月一日から最長三ヵ月。往路は格安、復路はオープンの航空チケットだけを持ち、財布もカードも持たずに、犬といっしょに、家から徒歩で歩き出す。まるで長い長い犬の散歩のように。

三ヵ月あれば、宗谷岬から襟裳岬まで縦断して、そのまま知床岬まで行けると予想した。放浪ではなく、目標を設定することで旅は引き締まり、殺生にも正当性が生じる。とりあえず稚内から襟裳岬まで分水嶺（流れ出す谷の水がオホーツク海に流れ込むか日本海に流れ込むか、太平洋に流れ込むかなどの境目になっている山稜）沿いに五万分の一地形図を三〇枚購入した。

サバイバル登山を計画するたびに、地図とはなんだろう、と考える。本来は知りえない情報が描いてある地図は、旅を成功させる秘訣が書いてある虎の巻といえる。ある意味カンニングだ。

地図があるフィールドはそもそも荒野と言えるのか？　地図を見るとは、旅を面白くするのではなく、成功効率を上げようとして、旅をだめにしていまいか。

だが、もし地図がなければ山中を歩くことのリスクに耐えられず、里に下りて、国道を歩くことに終始してしまうだろう。毎度そんな同じ予想に到達して、結局、地図を見ることを容認する。

まず、オホーツク海側と日本海側の分水嶺を大ざっぱな旅のエリアと考えた。南に進んで日高山脈に出たら、そのまま日高山脈を襟裳岬へ向かって南進する。

登山道や歩きやすそうな沢を繋いで山の中を歩く場合、一日の移動距離は一五キロがせいぜいになる。その移動感覚で大雑把に行程を区切ると襟裳岬までで、たっぷり三ヵ月になっていた。実際には林道を歩くことが多いと予想されるので、一日に二〇キロ以上歩ける日もあるだろう。計画どおりなら山旅中に五〇歳になる。オジさんの徒歩旅行なので欲張ることなく、まずは「北海道できるだけ分水嶺沿いに縦断」を旅の目標に据えた。

鹿を撃ち、ニジマスを釣って食料にするにしろ、これまでのサバイバル登山の経験から穀類（米）が必要であることは身をもって理解している。長期の山旅の場合、一日に生米で四〇〇グラム欲しい。三ヵ月（九〇日）だと三六キロになり、すべてを持って歩くことは不可能である。ということで、経路の途中にある避難小屋に食料をデポ（保管）させてもらうことにした。

行程をおおよそ四つにわけ、デポができそうな避難小屋を管理する自治体や山岳会に連絡して、許可をもらった。そして九月の頭に家でデポを作って、レンタカーを借り、フェリーで北海道に渡って、三つの小屋に食料を置いてきた。ちなみに、このデポ食料費とデポ設置行の交通費で約一〇万円の出費だった。

仕事（私はモンベルの社員として山岳雑誌「岳人」の編集をしている）は三ヵ月休職させてもらうべく、稟議書を書いて提出した。ダメといわれたら辞める覚悟だった。

休暇申請は承認された。ただ休職すると毎月私の給料から払っている住民税と健康保険料と厚生年金を自分で払わなくてはならないと知った。これがトータル三六万円。家の生活費三ヵ月分が四〇万円弱。そして飛行機のチケットなどもろもろで、トータル一〇〇万円の出費になった。無銭旅行は金がかかる。

こんなことに意味があるのか。だが、このまま歳をとりたくない。でもやっぱり面倒くさい。辛そうだし、寒そうだし、夜は長そうだし……。

そして、出発の二週間ほど前に、今シーズンの北海道は、昨シーズンに恵庭市の国有林内で発生した狩猟者の銃弾で森林管理署の職員が死亡するという事故のため、国有林内での狩猟行為が制限されるという、と連絡が来た。

膝も痛いし、やっぱり一年延期か、と揺れ動く心を、もう準備にたっぷり時間とお金を費やしたんだぞと言い聞かせた。もう、いまやるしかない。

I　前半戦

二〇一九年一〇月一日～一〇月一七日
宗谷岬～天塩岳ヒュッテ　三三一キロ

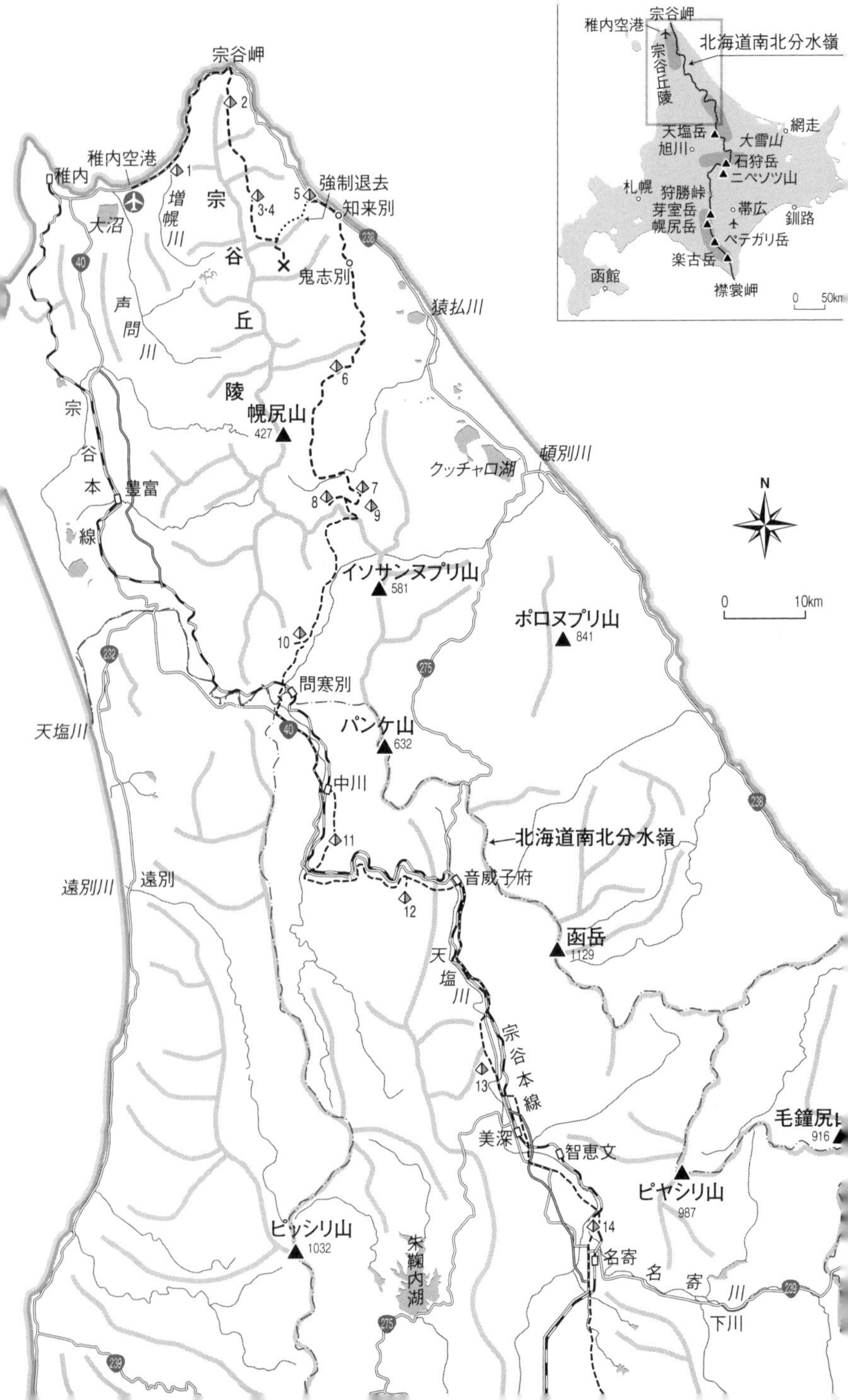

宗谷岬
稚内空港
北海道南北分水嶺
宗谷丘陵
天塩岳
大雪山
網走
旭川
石狩岳
ニペソツ山
札幌
狩勝峠
芽室岳
帯広
幌尻岳
釧路
ペテガリ岳
楽古岳
函館
襟裳岬
0 50km
宗谷岬
稚内空港
稚内
増幌川
宗谷丘陵
強制退去
知来別
大沼
鬼志別
猿払川
声問川
宗谷本線
幌尻山
427
頓別川
クッチャロ湖
豊富
N
イソサンヌプリ山
581
ポロヌプリ山
841
0 10km
問寒別
天塩川
パンケ山
632
中川
北海道南北分水嶺
遠別川
遠別
音威子府
函岳
1129
天塩川
宗谷本線
毛鐘尻山
916
美深
智恵文
ピヤシリ山
987
ピッシリ山
1032
朱鞠内湖
名寄
名寄川
下川

宗谷丘陵

まず羽田まで

羽田空港までは電車で行ってもいいのではないか、と揺れていた。というか妻には羽田まで電車で行くと告げ、空港までの見送りを頼んでいた。犬のキャリアとパスモを羽田空港から持って帰ってほしかったからだ。自宅から徒歩出発にこだわって、生米満載の重いザックで羽田まで歩いたら、北海道に着く前に左膝が壊れてしまいそうで怖かった。

なんとなく確認のつもりで、首都圏の地図をノートパソコンの画面に出してみると、三〇キロくらいだと思っていた羽田までの距離は一五キロだった。荷物が重くても四時間といったところである。

「歩けるじゃん」

やっぱり家から歩き出そうと決めると、心を覆っていたモヤモヤしていたものが晴れていった。私は、山旅を形容するのに「美しい」とか「すがすがしい」という言葉を使って、よく鼻で笑われる。だがやっぱり、行為や生き方には審美眼が必要だ。

といいながらも膝の温存のため、荷物のなかで重いもの（米と調味料）は前日に羽田空港のコインロッカーに電車で入れに行った。

一〇月一日。朝四時に起き、五時過ぎに家を出る。妻が特大のおにぎりを三つ握ってくれた。近所まで見送るという妻がナツ（犬）のリードを持って、玄関を出て行く。ナツは、私の大きなザックを見て、山に行けることを察し、最大の力でリードを引いている。この旅で事故があるとしたら、もっとも可能性が高いのはナツが車に轢かれることだろう。もしくは迷子（迷い犬）と轢死の複合型だろうか。死ぬ確率がそこそこ高い長い散歩に出るということを、数日前からナツにも何度か説明はしたのだが、やはり理解はしていないようだ。もしくは理解してなお、喜んでいるのだろうか。

駅への道ではなく、鶴見川へ下りる道を行くことを、一瞬、ナツはいぶかしんだが、すぐに嬉しそうにリードを引いた。

大綱橋のたもとでリードを持ってくれていた妻が、「じゃ」とそっけなく言って、帰っていった。三ヵ月の無銭サバイバルに出発する夫を見送るという感じではない。ことが大げさにならないように気を遣っているのだろう、と思うことにする。

ナツのリードをポーチに繋ぎ、まだ黎明の鶴見川を河口のほうへ降りていく。三ヵ月の休みをとってあるが、旅は二ヵ月と一〇日ほどで終わるのではないかと予想していた。金目のものはザックに入らないように、昨日確認してパッキングしてある。私には興奮も気負いもない。どちらかというと心のどこかで「ほんとうにやるの？（まだやめられるけど）」と自分に問いかけている。

鶴見川から川崎駅の西口通りへ繋がる県道に入る。駅前を通って多摩川へ。六郷橋の上から遠くに羽田空港が見えた。まだ七時。一一時の飛行機まではたっぷり時間がある。

今回は時計とライトを持っていた。時計はインド製の手巻き腕時計、ライトは太陽電池の「ソーラーパフ」である。旅を自分の力だけで作り上げるために、サバイバルスタイル（電気製品、精密機械、燃料なし）を貫きたいが、晩秋は日照時間が短いので、時計と明かりがないと、行動時間があまりにも制約されてしまう。

一九世紀末から二〇世紀初頭の極地探検家、ナンセンやシャクルトンも手巻きのクロノグラフを極地探検に携行した。そして二人とも難局に対処しているときにゼンマイを巻くことを失念して、お約束どおり時計が止まるという失態をおかしている。極地では正確な時間がわからないと自分の現在地（経度）がわからなくなる。ナンセンもシャクルトンも止まった時計を見て、近くにいた隊員に「おまえの時計は動いているか」と確認するが、ナンセンは最終的に正確な時間を失ってしまった。

「時計はいったい何分止まっていたんだ？」とナンセンは考える。眼鏡を探すのに眼鏡が欲しい的なこのジレンマ。私もこの旅の途中で手巻きの腕時計が不注意から止まっているという瞬間を、出発前から楽しみにしていた。

「明かり」に関しては、ロウソクや灯油ランプなども検討したが、使い勝手と軽さと太陽電池のクリーンなイメージからソーラーパフを試してみることにした。使用したことがないことが不安だが、極論すればランタンは生存や前進に不可欠なものではない。

多摩川の左岸を河口へ。羽田空港国際線ターミナルの横を通って、羽田空港トンネルに入る。八年前に長男と沖縄サイクリングに行ったときにも通ったルートだ。その旅では、家から自転車で羽田空港に行き、自転車をバラして飛行機に積み込んで、那覇空港でふたたび組み立て、走りはじめた。子どもの元服旅行はすべて人力でというのが理想だが、都会からの脱出まで人力にこだわるとそれだけで疲弊してしまう。羽田までは多摩川の河川敷をサイクリングして、飛行機での移動中は思考を停止し、飛行機を降りたらまた自転車で走り出す。そうすれば、まるで近所をサイクリングしているような気持ちで旅できるのではないかと考えた。この親子沖縄サイクリングも、財布を持たずに北海道を旅するという今回のスタイルのヒントだった。

行きのチケットは早割格安、帰りのチケットは正規料金のオープン(暫定的な搭乗日を一二月二八日に設定)。犬を乗せるために空港で六〇〇〇円払わなくてはならないが、現金を持ち歩くことを避けるため、ここは航空会社の旅行券を用意した。

最近山旅をともにすることが多いフォトグラファーの亀田正人と、「フィールダー」編集長の川崎憲一郎がわざわざ見送りに来てくれた。ロッカーに入れていた荷物を回収し、全荷物をパッキングして空港の秤に載せると二八キロだった。

「これで三〇キロ弱ってことは、学生時代の合宿は、いったい何キロ担いでいたんですかね」と亀田がザックを持ち上げる。

たしかに学生時代の合宿に比べれば軽いかもしれないが、私は今からウンザリしていた。これに肉と水を加えたら、体重の半分になってしまう。荷物の重さが体重の五割では行動能力がかなり落ちる。

亀田は、シルキーのズバット（ノコギリ）、抗生物質入りの油薬、レイズのポテトチップス大袋を差し入れてくれた。ザックから自分のノコギリ（シルキーのゴムボーイ）を出して交換し、油薬とポテチはありがたくいただいておく。

預け荷物の超過オーバーで料金を請求されないように、生米八キロを機内持ち込みにして、犬とザックを預けてチェックイン。

荷物から解放されて、「茶でも飲むか？」と二人に声をかけて、自分が財布を持っていなかったことに気がついた。「フィールダー」のおごりで、気取ったカフェに入る。水分とカロリーをたっぷり摂れる手ごろな飲み物を探すが、ひとつもなかった。しかたなくオーガニックコーラというのを飲んでみる。

「地図は？」と聞く川崎に、五万分の一地形図を自家製本した冊子を出した。

「宗谷岬から天塩岳ヒュッテ分。天塩岳から先の地図は旅先にデポしてある」

地図をざっと見た川崎がすぐに返して来た。藪に覆われた丘陵に延びる林道を地図で辿ってもなにも面白くない。

「つぎのフィールダーに帰還報告ができますかね。急《せ》かすわけではないんですけど」

つぎのフィールダーの発売は年末だ。一二月の中旬には校正刷りにする必要がある。これが、わざわざ見送りにきた理由のようだ。

「たぶん旅は一二月一五日には終わってると思う。それより長くなると、寒気と積雪と日照時間が厳しい。でも、わかんない。遠い未来のことは考えたくない」

自宅から羽田までもそこそこ疲れたので、二人に別れを告げて、早めに保安検査場を抜けた。左膝に付けているアルミ製の装具も外してエックス線に通す。常に痛い左膝であの重い荷物を背負って長旅ができるだろうか。

北海道上陸

稚内空港を出たときは、昼をだいぶ過ぎていた。空港から宗谷岬方面へ直接向かう道はなく、滑走路をぐるっとまわり込まなくてはならない。国道二三八号に出て、宗谷湾沿いを北東へ。宗谷岬までは車道なのでナッツはリードで繋いで歩く。覚悟はしていたが荷物が重い。今日は水の調達に不安があるので、稚内空港のトイレで二リットル汲んでいた。三〇キロの荷物が肩に食い込んでくる。

一晩で米と砂糖を合わせて約四〇〇グラムが減る。その四〇〇グラムに期待して、明日一日で宗谷岬に着ける距離に入ったらすぐにでも泊まりたい。海辺か、海に流れ込む川の河原が狙い目だ。道路脇に「鹿、飛び出し注意」の看板。道北の鹿の生息実態をよく知らない。どんどん飛び出して轢かれて欲しい。鹿の轢死体があれば、狩る手間が省ける。

増幌《ますほろ》川の川沿いから宿泊地の匂いを感じて、道道を南へ入った。しばらく歩くと広い牧草地が広がり、その向こうに川の堤《つつみ》が見えた。刈り入れの終わった牧草地を横切らせてもらって川に出ると、砂地が広がっていた。風がやや強いが悪くない。薪もあるし、ヤナギにヌメリスギタケモドキ（食用キノコ）までついていた。

薪を集めてツェルトを立てた。今回はいつものタープに加えて自立式ツェルト（簡易的なテント）を持ってきた。タープだけでは吹雪になったときに辛いし、大雪山系や日高山脈では、標高の高いところで夜を過ごさなくてはならない可能性もある。

焚火を熾《おこ》して、チャイを淹れ、米を水に浸す。米は残量を気にするより、今は食べて重量を減らすことのほうが重要だ。そう、わかっているのだが、先のことがやっぱり気になるので、四〇〇グラムをきっちり食器で計測する。

チャイを飲んで一息つくと、とりあえずやることがなくなった。北国特有の大きな蚊が飛びまわっていて、いつのまにかツェルトの中にもたっぷり侵入している。

銃を組み立てて散歩に出てみることにした。周辺には鹿の足跡（アシ）が多い。ナッツを繋いで、堤の側壁に付いた鹿道（ウツ）を登る。堤に登りきる直前で、歩行スピードを落とし、最後は四つん這いになった。さっき牧草地を横切ったときに、新しい鹿の糞が落ちていたからだ。

まさかのつもりで牧草地をそっと覗いてみたら「わお」である。二〇〇メートル先で、鹿の親子が草を食《は》んでいた。こちらに気がついていない。

どうする、と腹這いのまま考える。撃ってもいいが、まだ荷が重くて、肉を持ち運ぶことはできない。今夕と明日の朝食のためだけに殺すか？　旅は始まったばかりで、肉を欲する気持ちも弱い。解体の手間も面倒くさい。だが縁起がよい、というか、シーズン一頭目を撃てるチャンスに撃っておきたい猟師心が、むくむくと膨らんでいた。狩猟者はシーズンはじめの一頭を撃つまで、落ち着かないのだ。

とりあえずスコープに載せてみることにする。遠いので銃座が欲しくなり、ウエストポーチを外した。そのポーチにナツを繋いでいたことをすっかり忘れていた。リードから張力が抜けたため、ナツがウエストポーチを引きずりながら牧草地のほうに歩いていった。あわてて手を伸ばすが届かない。ナツは鹿の存在に気がついていない。

「ナツ、ナツ」と声を出さずに叫ぶ。きょとんとした顔でナツがこちらを見た。鹿はまだわれわれの存在を気取っていない。

「ナツ、来い」と嘆願するように何度もささやいた。私の必死の形相が伝わったようで、ナツはトコトコと戻って来た。

「ばか」といいながら、リードをひったくり、左腕に巻き付けて、ウエストポーチを目前に置き、銃身を載せる。スコープに載った親子の鹿は牧草を食むのをやめてこちらを見ていた。

子鹿なら小さいので……と思った。だが不穏な空気を気取《けど》ったのか母鹿がゆっくりと藪のほうに歩きはじめた。その母鹿を子鹿が追う。あわてた感じはない。立ち止まれと思いながら、子鹿にあわせた照準をスライドさせる。動いた獲物の存在に気がついたナツが跳び出そうとして、左腕に巻き付けたリードを激しく引いた。銃がぶれる。鹿は心持ちスピードを上げて藪の中に入っていった。

それを見送りながらナツが吠える。私は体を起こしてリードを強く引き、もう一度「ばか」と吐き捨てる。ナツはしつこく藪に向かって吠えている。

「もうだめだよ」

惜しいことをしたような、ちょっとホッとしたような、複雑な気分だった。ウエストポーチを着けて、堤の上を海へ向かって歩き出した。

周辺には鹿の痕跡が多い。「これはいるなあ」と、思いながら歩いていくと、ナツが匂いをとってリードを引きはじめた。行きたがるほうに行かせて藪につづく獣《けもの》道に足を踏み入れ、顔を上げると、正面の斜面に鹿が立っていた。

銃をあげようとした刹那、鹿は藪に跳んで消えた。ガサガサと音だけがつづく。ナツがリードを激しく引くが、藪を抜けると国道に出る。鹿といっしょに車に轢かれる危険があり、放すことはできない。

ほんの一〇分の散歩で二組三頭と遭遇した。出発前は宗谷丘陵に鹿が生息しているのか不安だった。インターネットで検索しても獣害の報告はそれほど引っかからなかったからだ。だが「うじゃうじゃいる」が実情らしい。

来た道を戻って、河原に降りる。ナツは不満気だ。宿泊地にいったん戻って、ゆっくりチャイを飲んで時間を潰した。さっきの親子が、牧草地に戻る気がした。一〇分ほど時間を潰し、さっきと同じラインで堤にあがり、さっきと同じように匍匐前進で牧草地を覗いてみた。

ビンゴである。しかもさっきよりも手前に出ている。

前回のミスを反省して、ナツはベルトに繋いであった。ウエストポーチを外し、銃を載せて、スコープを覗く。親子が縦に重なって、急所を狙えない。奥にいる大きいほうの鹿の真ん中に照準器の十字を載せ、撃鉄を上げ、ゆっくり引き金を絞った。

銃声につづいて「ボ!」という音が聞こえ、一頭が倒れ、一頭があわてて藪の中に駆け込んでいった。

ゼロか一〇〇か。その中間は銃猟には存在しない。大きな獲物の場合はとくに、殺生の先でいやおうなくその存在がのしかかってくる。

「これでよかったのか……」

狩りの興奮から覚めるにしたがって、食べつくすことができない獲物を撃った悔恨と疑念が沸きおこる。開けた土地でやや距離があったためか、着弾音がはっきり聞こえた。狩猟の世界では大型獣へ着弾した擬音語を「ソーザップ」と表現する。耳に残る音は、たしかに「ソザップ」を短縮した感じだった。

ナツを放す。火がついたように倒れた獲物に向かって駆けていく。そのあとをゆっくり追う。大きな雌鹿だった。秋なので脂もたっぷり乗っている。放血し、獲物を見下ろしながら考える。どれだけの肉を運べるだろう。もう夕暮れも近い。解体も残滓の処理もうんざりする作業になる。やっぱり撃つべきではなかったのかもしれない。

宗谷岬へ

増幌川の宿泊地をあとにして、宗谷岬へ向かう。昨日、散歩した堤の轍を国道へ歩いていくと、鹿が草を食んでいた。昨日藪に逃げ込んだヤツだろう。距離は二〇〇メートルというところ。ここからでもザックを銃座にすれば獲れそうだ。もちろんそんなことはしない。昨日の雌鹿の肉もザックに入っているし、銃は分解してザックに入れてある。

近づいていくと、一〇〇メートルほどでこちらに気がついて、藪に跳んでいった。鹿の匂いが周辺に残っていて、ナツが興奮しているが、今日の行程は長く、遊んでいる暇はない。

国道を宗谷岬へ。荷が重く、アスファルトは硬い。徒歩の効率の悪さを横を走り抜ける車が際立たせる。わざわざ宗谷岬に寄る必要があるのか。全行程は道路を歩いたとしても七〇〇キロ以上ある。山道がメインなので実際は一〇〇〇キロくらいだろうか。その長さを考えたら最初に宗谷岬にタッチしたかどうかなど、どうでもいい。

早朝の道北はもう初冬の雰囲気で、野外で活動している人はほとんどいない。工事の後片付けをしているおばさんが「りりしいねえ」と声をかけてくれた。私ではなくナツのことである。宗谷の集落に入り、宗谷郵便局の水道で水を汲ませてもらう。荷物の重さが堪えがたい。いらないものがないかもう一度考え、鹿が獲れるまでの予備として妻に無理矢理持たされたドッグフードを植え込みに捨てた。

海岸線の道は遠くまで見通せる。つい遠くの地形的な特徴や建築物を目標にしてしまい、同時に「あそこまで歩かなくてはならない」と考えてうんざりする。それをくり返すうちに「車の型が見える範囲はしばらくで着く」などという自分だけの法則が見えてきた。車が動く点にしか見えないところは、一回休憩を挟まなければ着かないくらい遠い。

一〇時半に、宗谷岬に到着。旅の二日目にようやく出発地点に着き、分水嶺の北端にタッチした。日本最北端の碑で記念撮影する観光客は途切れない。アジア系の外国人が半分。こんなところに来て面白いのだろうか？

芝生に座って足を伸ばす。見た目がかわいいナツに興味を示す人もいる。近づいて、愛想がないことを悟り、離れていく。ナツは和犬の血が濃いので知らない人に媚びることがない。

ずっとアスファルトを歩いて来た私の脚はすでにパンパンだ。今日はあと少し進んで、どこか野営したほうがよさそうだ。

荷物を背負い、宗谷岬から分水嶺沿いの道をとぼとぼ歩き出す。自宅がある南へ進んでいることが小さな慰めだ。灯台横の公園で人に慣れた若い雄鹿が芝生を食んでいた。私は肉に見えるが、観光客にとっては、マスコットなのだろう。ナツはもちろん追いたがるが放さない。

興奮するナツをおばさんが諫《いさ》めて「鹿にはかなわないだろ」と笑う。ナツが猟で働くようには見えないのだろう。ナイフを使っていいなら、あの程度の鹿は蹴り倒して……とは言わずに先へ。道は「宗谷周氷河ロード」と名前を変えて、牧草地が点在する丘陵地帯につづいている。牧草地には牛だけではなく、鹿の姿もある。どちらかというと鹿のほうが多いくらいだ。その気になれば撃って獲れるところにもいる。

朝からおおよそ六時間歩いたら一日の行動は終了。重い荷物をもって長い時間がんばりすぎると、翌日にしわよせがくる。出発は朝六時前後なので、正午を過ぎたら宿泊地を探しはじめる。

道路の名前に使われている「周氷河」とは、地面が凍ったり溶けたりしてできた地形のことで、丸い丘と湿原をともなう穏やかな川で構成される。その穏やかな川が雑木林に入り込んでいるところを狙って、奥に入り、盛り上がって乾いた台地になっているところにタープを張った。焚火の煙を派手に出すと山火事だと思われかねないので気を遣う必要がある。

チャイを飲み、夕飯の用意が整っても、日没まで時間があった。明日のルートを軽く下見に出る。獲物が欲しいわけではないが、猟銃は管理上持っていかなくてはならない。

荒れ果てた林道を歩いていると、広い草原に鹿の影がふたつ。とりあえず、その場にしゃがんで身を隠した。ナツは自分に繋いである。鹿の存在には気がついておらず、きょとんと私を見ている。しばらく待っていると、親子の鹿がこっちに歩いてきた。もちろん、われわれに気がついていない。撃っても持ち歩くことはできない。昨日の肉もまだある。それはわかっているのだが、銃を構えて、鹿をスコープに載せる。

子鹿の姿は見えない。母鹿だけだ。

肉はある。撃っても持ち歩くことはできない。でも撃鉄を上げる。

もし引き金に力を加えるなら、その理由は、構えた銃のクロスヘアに鹿が載っているから、というだけ。

一頭でも多く獲りたい、という稚拙な猟欲が、その稚拙さゆえに溢れるように湧きあがり、撃鉄が落ちる。

銃声と同時に鹿が倒れ、ナツが高音で吠える。

ナツを放して、そのあとをゆっくり追う。

脂がたっぷり乗った雌鹿だった。通常の狩猟であれば、喜ばしい上質肉だが、今は背ロースと乳房くらいしか、持ち運ぶことはできない。バラして埋める作業のほうがよほど面倒だ。いろいろな意味でまた割の合わない一撃だった。

処理後、野営地に戻り、腹に入るだけ肉を食べる。まだ旅は二日目、身体は栄養飽和状態のため、それほど食べられない。

牧場の分水嶺

宗谷丘陵の大牧草地に点在する風力発電の風車の下、林道を南へ。ナツは放しているので、牧草地を走りまわっている。これから七〇日間、最短でも七〇〇キロ歩くんだぞと何度も言っているのだが、やはり日本語がよくわからないようだ。もしくは承知して走りまわっているのだろうか。

だだっ広い景色にうんざりするころ、牧草地が終わり、林道は雑木林に入った。北海道森林管理局が立てた真新しい看板とオレンジ色の幟が立っていた。

今シーズンの北海道の国有林内は、昨シーズン恵庭市で発生した事故のため、規制が厳しくなった。国有林内での平日の発砲禁止、銃猟立入禁止区域の拡大、入林許可申請の徹底などである。

そのルール変更は、私の山旅にも少なからず影響を与えた、というか、計画を根本から揺るがしかねなかった。北海道は本州と違い、山岳地帯の多くが国有林のため、森林管理署の取り決めを厳密に守ったら、食料調達に大きな影響がある。

看板には、土曜日日曜日のハイキングや登山は自粛と書いてあった。平日を発砲禁止にしたぶん、森林管理署職員が入林しない週末は、狩猟者に自由に撃ちまくる環境を整えたということだろう。道北は登山者より狩猟者のほうが多く、狩猟関係の団体のほうが力をもっていて、森林管理署とうまいことやっているようだ。

「今日は何曜日だったかな？」と考えた。木曜日のはずだ。となるとゲートの奥に狩猟者はおらず、人がいるとしたら森林管理署の関係者だ。私は入林許可をとらずに入林することになるが、狩猟行為ではなく、レクリエーションのための移動であれば問題ない。

出発前に、簡単な計画書を提出して、入林許可を取得することも考えた。そのほうがすっきりする。ただそれは現実的ではなかった。まず、自分がいつどこを歩くのかよくわからない。確定できない予想ルートが複数の森林管理署の管轄をまたぐ。そもそも私のやろうとしていることを理解してもらえるとは思えない。数年前、入林申請の車のナンバーを記載する部分に「狩猟のために徒歩で入林」と書いたら、電車とバスと徒歩でアクセスすること自体を信じてもらえなかった。

国有林内の登山やレクリエーションの利用は「自由」である。憲法に書いてある日本国民の権利と自由に含まれている。今回の旅では、国有林内は登山として移動し、狩猟は国有林外でおこなうという建前である。

林道を南へ。道が森のうねりを登りきったところで、道の先に立派な雄鹿が立っていた。撃っていい場所ならいただき状態だが、もちろん撃たない（銃はザックにしまってある）。ナツが勢いよく走っていって、短時間追いかけて帰ってくる。カーブを曲がるとこんどは親子の鹿。轍《わだち》に生えているセイヨウカラシナを食べているようだ。

犬より人間のほうが視力がよく、視点も一メートル以上高いので、見通しのよいところでは、ナツより私のほうが獲物を見つけるのが早い。ナツに鹿の存在を教えてやると、また、走っていった。林道が突然終わり、行く手に笹と雑木の森が広がった。踏み跡すらない完全な藪である。地図には山道が記されているのだが、見つけられず、植林にかすかに残る仕事道を辿って、沢に降りた。周氷河地形の沢は湿原の川のように蛇行をくり返していた。

この旅を実践しようと決めてから、足まわりに関しては悩んできた。道路、登山道、藪、沢、雪山、状況によっては凍った沢も歩くことになる。おもに登山靴を履き、沢用シューズをザックに入れておくのが順当な手段だが、長旅のイレギュラーな部分のためにわざわざ沢用シューズを持ち歩くのは重量効率が悪い。最初から沢用シューズ一足ですべてを賄う、もしくは、登山靴ですべてを賄う、という手を真剣に検討したが、沢用シューズでは凍傷が怖く、靴だけでは沢の滑落が怖い。どちらのリスクも許容範囲を超えていた。

試しにフェルトのワラジを登山靴に装着してみると、しっかり固定できた。そこで登山靴＋フェルトワラジというセットで行ってみることにした。雪山用のアイゼンは、雪山が本格的に始まると思われる天塩岳の麓にデポしてある。

登山靴にワラジを着けて、沢を下った。ナツの姿は見えないが、ときどき、首輪に付けた鈴の音が聞こえるので、どこか歩きやすいところを歩いているようだ。

小一時間で車道に出た。ナツを繋いで道を南下する。車が通り抜け、ふたたび自分が非効率的な移動をおこなっていることを思い知らされる。ナツは車道歩きをどう思っているのだろうか。

上苗太路川《かみなえふとろかわ》まで車道を歩き、逃げ込むように林道へ。ここでも林道の入口には国有林の無断立ち入り禁止に関する看板が立っていた。

上苗太路川をチラリと覗くと、まるまる太った魚が何本も見えた。サケかニジマスか？ 禁漁河川なので竿は出さない。林道にはタイヤ痕が残っている。数日前という感じだ。出発前の天気予報では台風一八号が今日明日くらいに北海道に接近し、雨を降らす予報だった。藪に埋もれた枝道があったので、少し入って、タープを張った。

夜半からしとしと雨になり、朝になってもまだ降っていた。伐採されて放棄されている腐った丸太を組んで雨よけを作り、その下で焚火を熾す。雨の日は移動しない、というのがサバイバル登山のゆるやかな決めごとである。だが単独行で停滞するのは勇気がいる。先のことが心配になり行動したくなってしまう。そもそも、そういうせっかちな性格の者しか単独行をしないのかもしれない。だが、雨（濡れ）は体力を奪うし、装備も濡れて重くなる。移動先で焚火を熾すのも難しくなり、炊事全般に時間と労力が増える。やっぱり消耗を避けるため雨の日は行きたい気持ちを我慢して動かないほうがいい。

今回持って来た居住空間は、タープと自立式ツェルトだ。タープは雨の日も焚火をするために必須、ツェルトは通常のサバイバル登山では持参しないが、雪、寒気、そしてヒグマとのあいだにクッションが欲しくて持参した。このツェルト、ナイロン布一枚なうえに防水加工してあるため、どうしても内壁が結露する。しかも雨があたるとその部分は結露が激しい。いまも雨に濡れている部分の内側は水分が垂れて、床に水が溜まっている。雨の日こそ、タープで完全にツェルトを覆いたいのだが、そうすると焚火を覆うことができなくなってしまう。

雨脚が弱まったときに、水を汲み、薪を集め、焚火を絶やさないようにして、ツェルトの中で転がって、地図を見た。予定よりも少し遅れているうえに、一日停滞。明日もどうなるかわからない。まだ旅は始まったばかりで焦る必要はないが、穀類は二〇日分しかないので、一〇月二〇日までにはデポがある天塩岳ヒュッテに着きたかった。

森から強制退去

気のいいおじさん

黎明になっても、まだ雨がしとしとと降っていた。一昨日の夕方からずっと寝っぱなしだが、寝る以外にやることはない。重い荷物でアスファルトの上を長時間歩いた脚裏の痛みが抜け、代わりにいつもの左膝の古傷がぶり返している。

一眠りして目を覚ますと、雨がやんでいた。インド製の手巻き腕時計は八時を指している。外はまだどんより曇っていた。停滞するにしろ、行動するにしろ、肉があったほうがいい。すでに二頭も仕留めているのに、荷物が重くて肉をほとんど運べないため、すでに手元のオカズが乏しくなっていた。雨の止み間に銃を持ってちょっと歩いてみることにした。

アシも糞も多く、周辺は気配に満ちている。轍《わだち》のある林道を離れ、枝道に入る。濡れた地面にもアシがつづく。だが物音を聞くこともなく、行き止まりになり、水たまりの横でウンコをしてから、来た道を戻った。地図を見ながら、現在地と地形を比べるが、丘陵地の地形は緩やかなため、自分がいるところがよくわからない。

方位を確認しようとコンパスを探すと、ウエストポーチの中に入っていなかった。おかしいと、ポーチをひっくり返してぜんぶ出すが、コンパスは出てこない。

嫌な予感で背筋に寒気《さむけ》が走り、鼓動が速くなった。

コンパスはいつもポーチにヒモで結んである。だが、古いコンパスのリングがまわらなくなったので、旅の直前に買い直し、そのコンパスは結ばずに放り込んだままだったのだ。

とりあえず数日はそれほど藪を進むこともないだろうから、なんとかなるだろう。だがそのあとはどうだろう。なんにせよ、もうコンパスなしで進むしかないようだ。

地図に記されていない林道があり、そっちに轍がつづいていた。車が通るということは南側に繋がっていると思われる。

宿泊地に戻るころに、うっすらと日が差しはじめた。時計を見ると九時だった。撤収して一〇時に出発しても四、五時間は歩ける。肉はないが、少しでも進んでおこうと顔を上げると笹原の中に鹿が立っていた。距離は二〇メートル。向こうもこちらを見て驚いている。銃を上げ、狙いも定めず、引き金を引いた。その場で鹿が倒れた。

バタバタしているので、脊椎系に入ったようだ。ナイフを出して放血。丸みを帯びた雌である。

いったん気持ちを落ち着け、この後やるべきことを頭の中で整理する。

青空の面積は増えているのでやはり数時間でも移動しよう。とすると荷物のある場所は近いので、鹿の解体は撤収後のほうが都合がいい。

いったん、幕営地に戻り、急ぎ荷物をまとめた。鹿が倒れているところに行って、解体。といっても運べるのは背ロースと胸肉と舌と乳房ぐらいだ。できるだけナツに肉を投げるが、体重一〇キロ程度の中型犬では食べられる量はしれている。そもそもナツは撃った直後の鹿をあまり食べたがらない。

轍のある林道を辿っていると、エンジン音がしてナツが吠えた。うしろからランドクルーザーがやって来た。林道を歩いている私を見て車が停まった。

「何しているの」とオジさんが驚いている。私も立派なおじさんだが、相手は七〇歳近い感じだ。

「旅しています」

「どこに行くの」

「南へ」

人の良さそうなオジさんで、助手席に小型犬を乗せ、車のナンバーが「・3－08」だった。三〇八口径のライフルを使っている猟師が、それを車のナンバーにすることは多い。指摘すると狩猟の経験を楽しそうに話してくれた。

「この先、林道は南に繋がっているんですか」地元に詳しそうなので聞いてみた。

三頭目の雌鹿

「繋がっているよ」と先にある集落の地名を言われるが、私の頭の中には地理地名が入っていない。

「地図でわかります？」

「わかるよ」

「いまここだと思うんですけど」

「うん、この地図に描いていない林道が鬼志別《おにしべつ》につながっているよ」と南にある小さな街を指した。

オジさんは一一月になったら、日高や大雪へヒグマを撃ちに行くという。

「それじゃ、また会えるかもしれませんね」

日高北部を通過するのは一一月中旬だと告げた。

「犬もいっしょに行くの？」

「そうです」

「すごいね、写真撮らしてもらっていい？」

「まだ、旅は五日目なので、ほんとうに行けるかはわからないですけど」と言いながらナツを持ち上げてポーズをとった。

「それじゃ、いい旅を」と言い残してランドクルーザーは走り去っていった。気持ちのよい出会いで、少し世界が明るくなった気がした。たんに雨雲が移動しただけかもしれない。

国有林の山旅

正直ジイさんのあとには、意地悪ジイさんがつづくというのが、古来から日本の決まりらしい。三時間ほど歩いたところで、今度は前からランドクルーザーがやって来た。さっきのオジさんかと思い手を上げると、太った別のジイさんだった。

「あんたか、林道を歩いているってのは」と言いながら、車から降りて来た。さきほどの正直ジイさんの狩猟仲間で、私のことを聞いたという。

そのジイさんは、いきなり自分の自慢を話しはじめた。これまで、林野庁に表彰された話、この後、環境省から表彰される話、地域を代表してロシアに視察に行った話、地元でずっと狩猟をやっているということ。こちらがまったく口を挟むタイミングがないほど、しゃべりつづけている。

自分が地元の森で強い影響力をもつ重要人物であることを誇示したいようだ。

重いザックを背負ったまま一五分ほどその自慢話を聞いていたのだが、チラリと時計を見ると一五時を過ぎていた。何度目かのトライで、ようやく話の切れ目をつかみ、「すいませんけど、先を急ぐので、ありがとうございます」と心にもない謝意だけを口にして、歩き出した。

相手の気分を害さないために「焚火で炊事をするので時間がかかるから」と急ぐ理由を口にしたのが、この先の事件の引き金になってしまった。

ジイさんに行き会ったのは小さな峠だった。その峠を降りた沢沿いに広がる湿地帯に、乾いた平地を見つけてタープを張った。日没まで時間がない。チャイを沸かし、米を炊き、鹿肉を出して、急いで食べた。一息ついたところで、車のエンジン音が聞こえ、ナツが林道に跳び出して吠えた。

さっきのジイさんが帰るために戻って来たのだろうと思って、私は手を上げて挨拶し、ナツを呼んだ。車が林道に停まり、さっきのジイさんと、もうひとり中年の男が降りて来た。

「あんた、入林許可もっているのか」とその男はいきなり言った。不穏な空気である。

「いや、ないです」

「何をしてんだ」

「旅……」

「入林届けを出していないだろ」

横から「国有林は入林許可がないと入れないんだよ」とさっきのジイさんが取りなすように言った。どうやらジイさんは余計なことをしてくれたらしい。

「国有林は焚火も禁止。入林許可がないなら退出してもらう」

日本国民は私有地以外の日本の国土で（公共の福祉に反しない）自由が保障されている。

「登山は自由ですよ」と私は言った。

「いや、国有林の入林には届け出が必要なの。いったん、退出して、届け出をして入ってください」と男は言った。

なんの権限でこんなことを言うのかわからず、「それなら森林管理署の署員を呼んで来てくださいよ」と私は言った。てっきり地元の狩猟者が自分たちの猟場をうろついている妙なヤツに因縁を付けているのだと思っていた。だが男は言った。

「だから私が来ているんだよ」

「あんたが焚火をするって言うから、私が呼んだんだ」とジィさんが言う。「明日は日曜日だし、狩猟者の車がたくさん入るので林道を歩いていると危ないんだよ」と諭すようにつけ加えた。

本物の森林管理署員なのか？　と一瞬いぶかしんだが、身分証明書の提示を求めて、こちらも提示しなくてはならなくなると、ややこしいことになる。というのも私は運転免許証をあえて持ってきていなかった。服部文祥ではなく、ホモ・サピエンスとして旅をしてみたいと思っていたからだ。猟銃を携行するために絶対に持っていなくてはならない猟銃等所持許可証を身分証明書として出したら、徒歩旅行に加えて狩猟もしていることが発覚し、入林許可をとっていないことが大きな弱みになってしまう。

「国有林のレクリエーション利用は自由でしょう」

「レクリエーションではないでしょう」

「登山はレクリエーションです」

森林管理署員は一瞬たじろいだが、すぐに睨み返してきた。

「ここに登山する山なんかないだろ？」

「宗谷丘陵を歩くのは登山でしょ」

「登山は登山道から山に登るんだよ」と相手の語調が強くなる。

「登山にも沢登りとか、岩登りとか、雪山とか、いろいろあるんだよ。登山は自由なんだよ」と私の語調も強くなった。

「焚火は禁止だし、違法だ。警察を呼ぶこともできるよ」と男は憮然として言った。

「呼べよ。警察、呼んでくれよ」カチンと来て私は言い返した。

男はポケットから携帯電話を出して、車に戻っていった。ほんとうに警察を呼びにいくとは思っていなかったので、ちょっと驚いた。

強制連行

ジイさんが、私と男をちらちら見くらべながら、「あんた意地を張っていないで、あの車に乗って、国有林の外に出たほうがいいよ。警察に行ったら事件になるよ。取り調べを受けて、犯罪者になるかもしれないよ。ここで丸く収めておいたほうがいいよ」と言う。

ジイさんの顔面に思いきりパンチをお見舞いしたいのをぐっとこらえた。そもそも、あんたが森林管理署に告げ口みたいなことをしなければ、なんにも起こっていないのだ。

「ダメだ、電波が繋がらない」と言いながら男は戻って来た。「これから警察を呼びにいくこともできるけど、焚火は禁止で、違法だし、入林届けも必要だし、あの車でいっしょに退出してくれないかな」と男は言った。

「登山は自由ですよ」と私はくり返した。

「だからここは登山をするところじゃないの」

「国有林のレクリエーションの利用は自由でしょ」と私はくり返した。

男が言葉につまり、顔が歪んだ。自分の主張の正当性を頭の中で確認したのだろう。

「焚火は消して、二度としません。明日の朝、最短ルートで国有林を出ます。それで勘弁してくれませんか」

一瞬、間があったが、男は首を横に振った。

「じゃあ、これから歩いて退出しますよ」と私。

もう世界は暗く、ヘッドランプもないが、そういえば帰るだろう。

「焚火は違法。入林届けを持たないものを国有林内に残しておくことはできない」と男が言った。

「明日は、狩猟者の車が入るし、あぶないよ。札幌で誤射事件があったばかりなんだから。あんたも熊に間違えて撃たれたら大変だ」とジイさん。「今ならまだ、事件にならずに済むから、車でいっしょに退出したほうがいいよ」とつけ加える。

かたくなに抵抗すれば、あきらめるかもしれないが、もし警察沙汰になったら、身分証明書を提示しなくてはならない。そうなると猟銃を所持していることがわかってしまう。猟銃の所持に違法性はないが、印象は悪い。猟銃を持った三ヵ月の旅は理解されるだろうか。もし事件になれば身元引受人が来ないと留置場を出られないかもしれない。

車輪で動くものには乗らないと誓って家を出たが、五日目にして、その誓いは破られてしまうのか。二人の言い分を飲んで、国有林の外に出ておくほうが、どうやら面倒は少なそうだった。

「国有林の外に、あの車で行けばいいんですか」

私は、明日の朝用の鹿汁を胃袋に流し込み、タープとツェルトを畳んで、荷物をまとめ（猟銃を見られないようにザックに入れ）、車に乗り込んだ。最近車に慣れて来たナツは、歩かないで移動できるのが嬉しいのか、車に飛び乗って来た。

車は林道を北へ戻った。せっかく歩いたが、振り出しに戻るということだ。ラジオから明日以降の天気予報が流れてきて、それを集中して聞いてしまう。明日、明後日は晴れて、そのあとぐずつくようだ。

林道を走る車は揺れ、汁物を腹いっぱい詰め込んでいる胃袋が少し気になった。ぜんぶをぶちまけるのもいいな、と思うと少し気が晴れた。二人が警察を呼びにいった隙に、藪の奥に隠れてしまえばよかったかもしれない。ジイさんのほうが、見張り役として残っただろうか。もしくは明日の朝から捜索したか。どちらにせよ、逃げたら、ずっとコソコソしなくてはならなくなると考えると、逃げるという選択肢はあまりよくないかもしれない。

ゲートで、車を降り、荷物を降ろした。ジイさんが「もう少し先に、牧草地の倉庫があってその駐車場が寝泊まりしやすい」というので、もう一度車に乗った。

倉庫の横に降ろされ、「それじゃ、気をつけて」と車は去っていった。牧草地に出てきている鹿が警戒音を発した。ナツはそれを追いかけて暗闇に消えていった。

宗谷の日曜日

朝起きると自立式ツェルトが立っていたのは農業用の大きな重機倉庫の隅だった。まだ外はうっすら明るくなった程度である。結露した内壁に触れないようにツェルトを出た。

空に浮かぶ雲は軽く、天気は上々。一〇〇メートルほど先の牧草地に鹿が立っている。ナツがツェルトを跳び出して、鹿のほうへ駆けて行った。はじめは珍しそうに眺めていた鹿が、突然、走り出す。静止からダッシュへの中間行程がない。

エンジン音がして、ごつい四駆車がやってきて、土ぼこりを巻き上げて奥にきえた。後部にウインチを付けた狩猟者の車だ。漂う埃が消える間もなく、銃声がひとつ。上の牧草地でおそらく鹿が死んだ。鹿を追いかけているナツが少し心配だ。

昨夕、拘束される前に炊いておいたご飯はそのままナベで冷えている。だが、一刻も早くここを離れたい。犬笛を吹いてから、ツェルトを畳んで、パッキング。朝露で足を濡らしたナツが帰ってきた。そのあいだにも狩猟者の車が二台、山へ入っていった。

「今日は車道を行くから繋ぐぞ」と声をかけて、ナツにリードを付ける。重いザックを背負って、海岸線へ。

昨夜までは、林道を戻ってつづきを歩くつもりでいたが、とにかくこのエリアを一刻も早く離れたかった。旅したラインが徒歩で一本に繫がらないのは癪《しゃく》だが、北に戻った形になるので、車で行程をはしょったわけではない。

昨日の夕方、私を拘束しにきた二人にどこまでも反抗していたら、どうなっていたのか。そんなことを考えずに歩きたいが、どうしてもうじうじと考えてしまう。もっといい方法があったのではないのか。二人を撃ち殺して逃げるバイオレンスストーリーまで妄想する。妄想の殺人犯と自分との境目は曖昧だ。人殺しの道を進んでいた可能性だってゼロとはいえない。だが、私は逆上せず、行儀よく車に乗って、いま車道を南へ歩いている。人としての倫理観ゆえではない。人を殺してもなんの得にもならず、それどころか残りの人生と家族の人生を棒に振るという損得勘定の結果である。

国道を南下し、知来別という集落から内陸へ入っていく。牧草地帯が広がり、奥の森の手前に鹿が三頭。うねる地形を利用して近づけば撃てそうだ。

合流してくる林道に五メートルほど入って、朝飯。といっても炊いたままになっている冷や飯を自家製梅干しをオカズに食べるだけ。

牧草地帯に突如現れた鬼志別のちいさな街を通り過ぎる。高校生らしい青年が犬を散歩させている。軽トラックが一台通り過ぎて行く。さびれているが、なにか起こりそうな予感に満ちた西部劇のオープニングのようだ。

街を出て、うねる丘につづく道を歩いていたら、軽トラックが横で止まった。

「どこ行くの？」と優しそうな青年――といっても四〇歳くらいだろうか――が声をかけてきた。さっき街で見た軽トラックだ。

「狩別のほうに」と地図で覚えたばかりの地名をいう。

ならこの道でいいと青年は頷き、「国道に出ようとして、間違える旅行者がいるからさ」とつけ加えた。運転席から身を乗り出して「これ」と差し出した手にはミネラルウォーターのペットボトルと珍味の袋――かと思ったら犬用の干ササミだった。

水はありがたくいただき、ササミは「おたくの犬にとっておいてください」と言った。犬用ササミは高価なので私は買ったことがない（妻は買う）。

「いや、ウチに犬はいないんだ」

配達先で犬の機嫌を取るために車に積んでいるという。

「じゃあ」と袋からササミを数本とって返した。「荷物も重くなるし、これで」

「なんで山越えの道から狩別に？」

「山を歩きながら旅をしたいんですよ」

「アスファルトじゃ、犬がかわいそうだしね。でも山は入林許可がいるでしょ」

「北海道は国有林がうるさいですね」と事情が解らない振りをした。

「あれ猟もするの？　おれもですよ」とウエストポーチに付けてあった狩猟登録バッジを見て青年が言う。

「いちおう登録だけはしてあって」とごまかし、「今日は日曜なのに撃ちに行かないの」と話を変えた。

「配達があるからさ」と青年はハンドルに手を戻し、車をUターンさせて、来た道を戻って行った。わざわざ私を追いかけて来てくれたらしい。親切な人もいるのだな、と少し心が軽くなった。ただ、彼も国有林への入林には気を遣っていた。少なくとも首都圏では、役人が自然環境内でやる事業はぜんぶバカなことと見るのが善良な市民の基本姿勢だが、北海道は、国が開拓を主導した歴史をもち、領土問題の最前線でもあるためか、お上にたいする姿勢が前時代的なようだ。

　牧草地にまっすぐつづく道をゆく。車はまったく通らないのでナツを放す。ナツは刈り取りの済んだ牧草地を駆けまわりながら、私に前後している。荒野を犬と気ままに徒歩旅行するという旅の目的のひとつがいま具現化している。どこまでもこうやって歩いていきたい。ときどき、牧草地のはずれに大きな家と牛舎がある。世界の匂いはずっと牛の匂いだ。私にとって道北の匂いは牛の匂い。森の中を流れる狩別川の岸辺に下り、泊まることにする。夕方、対岸に鹿が現れ、ナツが激しく吠えた。狩別川の流れは太く、さすがにナツは渡らない。吠え声が近くの農家まで聞こえたら怪しまれるので、黙らせる。二日前の鹿の乳房を焼いて食べた。

一日の歩行スタイル

朝、宿泊地を出る時間を地図に記そうとしたら、いつもウエストポーチに入れているボールペンがなかった。周辺を少し探すが、たとえボールペンが落ちていても、まだ薄暗い朝に落葉や枝の散らばった地面で見つけるのは難しい。あきらめて出発することにする。

狩別川南の沢に沿ってつづく林道に入る。退屈な林道をただ南へ。枝道がわかれ、進むべき道がわからない。コンパスがないので方向もわからない。轍《はい》がはっきりしているほうに進む。突然、林道は立派な車道になり、その法面で雄鹿が二頭、芝生を食んでいた。銃はザックにしまったままだ。出来事や見たこと、手に入れた食料を、記録代わりに単語だけヒントのように地図に書き込むようにしている。ペンがなくてそれができない。これが思った以上にストレスだった。地図へのメモは、自分が生きて旅していることを確認する行為なのかもしれない。書けないと自分が消えたような気がする。

自宅の仕事机に転がっている筆記具のことをチラリと考えた。日本国内にはおそらくまったく使われないペンが何億本と溢れている。だが私の手元には一本もない。民家や工事の事務所で、エンピツを一本恵んでくれないか頼んでみようと決めた。

一〇時、疲れたのでザックをおろし、一回目の弁当。ザックの雨蓋から弁当を出したら、ボールペンが出てきた。昨夕、地図に日記を書いてそのまま雨蓋にしまっていたらしい。

朝六時から歩き出し、休まずに二時間ほど歩くのが、いつものスタイルである。ちょっと休憩して、そのあと一時間の歩行を二回。そのころ腹が減るので一回目の弁当になる。弁当の後は重荷で肩が痛くなってくるので、頻繁に休むようになり、昼を過ぎたら宿泊地を探しはじめる。昼過ぎに二回目の弁当。宿泊地に着いてからおやつのように弁当の残りを食べることもある。

浜頓別《はまとんべつ》と豊富《とよとみ》を繋ぐ太い車道に出て、また林道に入る。先日の失敗から、車が入って来られそうにない廃道の奥に宿泊することにする。軽く薪を集めてから、白樺の樹を探して、皮をとってくる。着火材は持っているが、白樺の皮が火力もあり、熾も残って焚火が早く安定する。川の底にウエットスーツが沈んでいる。イトウの有名な生息地だからだろうか。毛バリを振るが反応はない。

道迷い

朝から重い雲が広がっていた。肉が乏しくなってきたので、一頭狩りたいところだ。足跡を観察しつつ南へ。新しいアシがあるなと思ったら、親子の鹿が目の前を横切って行った。

地図に描かれていない林道がわかれ、そっちのほうが轍がはっきりしている。少し悩んだが、轍を信じて、地図にはない林道を進む。五〇〇メートルほど進むが、感覚的に方向がおかしい。「違う」と判断し、さっきの分岐まで戻り、淡い轍の道に入る。しばらく行くと、藪が道を覆いはじめて不安になった。さっきの尾根道にはタイヤ痕がずっとつづいていた。やっぱりさっきの道に引き返す。

「いったい何をしているんですか」という顔でナツが見ている（気がする）。ナツには行くべき方向がわかっているのだろうか？

尾根道をとにかくどんどん行ってみた。コンパスがあれば方向を定めて藪に突入するという選択肢もあるが、かなりの密藪なうえに、コンパスもない。

ふたたび道がわかれ、南と思われるほうへ。その道もすぐに細くなった。たんなる植林道のようだ。

暗い空からパラパラと雨が降り出し、どんどん強くなっていく。灌木に挟まれたちょっとした広場を見つけ、急いでタープを張った。しばらくタープの下で座っていたが、やむ気配がないので、ツェルトを立てる。

地図を広げるが、自分のいる場所がわからない。完全に現在地を失うのは久しぶりだ。もしこのままわからなかったら……車道に戻ってぐるっとまわり込むのか。分水嶺周辺以外の地図はない。おそらく国道からまわり込んだら数日余計にかかる。標高わずか二〇〇メートルの分水嶺を越えれば、小一時間で問寒別川の源流部に出られるはずだ。だがその小さな尾根がコンパスがないと怖くて越えられない。

夕方、雨がやんだので、猟銃だけを持って、偵察に出た。崩れた枝道を進んでみると、大きめの林道にでた。森の奥で鹿が走るのがちらりと見えたが、鹿より道の繋がりのほうが気になる。タイヤ痕があり、隣接する二つの橋があって場所が特定できた。やはり予定ルートからは大きくはずれている。

夜中には大雨がタープを叩いたが、朝は霧雨になっていた。見通しのわからないまま停滞する気がせず撤収。昨日の分岐まで戻る。昨夕の偵察で得た情報と地図を照らし合わせ、昨日少し入って戻った道が、先の林道に繫がっていると判断した。藪が覆っている道をずんずん進んで行く。地図と違い、道は左下がりに標高を下げて行く。どこでもいいから先に繫がっていてくれという希望は打ち砕かれ、沢の源頭で道は途切れて消えた。

雨が強くなっていた。ナツは藪の露と雨に濡れて震えている。湿り気の少ない場所を見つけてタープを張り、ツェルトを立てた。

地図を見て、描かれていない林道を予想する。昼過ぎに雨が小降りになったので、立ち枯れの乾いた薪を探しに出たら、エゾライチョウが枝に止まっていた。ツェルトに戻って猟銃を持って来ても、まだそこにいた。座って構え、引き金を引くと、派手に羽根が舞った。

銃声で興奮したナツが林道を走って行く。

今日は焼き鳥だ、と思いながらエゾライチョウのところに行くが、弾はど真ん中に当たって、鳥は粉々になっていた。なんとか肉片を集めるが食べられるところは少ない。ナツが戻って来て、匂いを嗅ぎ「これなんですか?」という顔をしている。

夕方、雨がやんだ。日暮れまで小一時間あるので偵察にでる。ナツは濡れるのを嫌がってツェルトから出てこない。一人で林道を戻った。地図を見ながら歩くと、おおよその場所がわかってきた。ちょっとした広場があり、鹿のアシがつづいているので覗くように藪を漕ぐ。すると先にまた別の広い空間があった。立派な林道である。一瞬なんだかわからない。私の予想している場所であっているなら、左に進めば問寒別の街に出るはずだ。

右が目的地に繫がっていないことを確認するために、あえて右に進んでみる。芝生を敷いたような立派な林道が尾根上につづいている。今日の午前中まで三日間迷っていた道と、並走しているようだ。行政区が違うからこんなことになるのだろうか？

カーブを曲がって開けた草原の先、二〇メートルに見慣れた物体があり、息を飲む。デカイ雄鹿が草を食んでいた。こちらに気がついていない。そっと腰を下ろし、銃を構え、セーフティを解除。近いうえに、こちらにまったく気がついていないので、照準を胸から首に修正。引き金を引くと、その場に崩れ落ちた。

夕暮れが迫っていた。大動脈を切って、内臓を出し、夕食分の胸肉だけ取って、とりあえず宿泊地に戻ることにする。つづきは明日の朝だ。それにしても先につながる道を見つけたうえに、上質な鹿肉まで手に入り、山旅の神様は今夕はかなり機嫌がいいようだ。

ツェルトに戻って、ナッの前に肉をかざす。「ほれほれ」と偵察に付いてこなかったことをなじると、こちらの言わんとしていることが伝わったらしく、変な顔をしていた。

問寒別のヒグマ

一〇日目の朝である。いつものサバイバル登山ならそろそろ終わりだが、今回はまだ前半戦の真ん中にも達していない。距離的にもデポの区切り的にも、宗谷岬から天塩岳ヒュッテまでが前半戦、大雪十勝山系越えが中盤戦、日高山脈越えが後半戦と感じていた。まだ全体の六分の一以下である。

天気は回復傾向のようで、雲の合間に青空が見えている。昨夕炊いたご飯の残りを半分食べて、半分弁当にする。いつものパターンだ。冷や飯を焚火の横において温め、鹿の脂身スープで雑炊にする。

今朝が忙しくなることは覚悟していた。内臓を出したまま上の草原に転がしてある雄鹿から、持てるだけの肉を取らなくてはならない。鹿肉は一昨日で尽きている。そして南に繋がる林道をできるだけ進みたい。手持ちの五万図に何度も手を当てて測った結果、このままでは天塩岳ヒュッテのデポに着く前に生米が尽きることが判明した。そもそも計画段階で天塩岳ヒュッテまでは二三日になっていて、米は二〇日分しか持っていない。米がなくなったら鹿を食べればいいと出発前は思っていたが、実際に歩いてみると、生まれてから四九年間、穀物を食べつづけてきた身体をいきなり肉食だけで維持できないことがよくわかった。セーブしようとしても「今日がなければ明日もない」という真理に甘えて食べる米の量がついつい増えてしまう。だが、この先もなんとかなるだろうという楽観より、穀物がないと歩けないという予感のほうがはるかに大きい。

雨で濡れた装備を乾かすまもなくパッキングして出発。歩き出してほんの一〇秒ほどだった。ドンブリ大のアシが目についた。我が目を疑うが雨で濡れた地面にくっきり残っているので間違いない。熊、ヒグマである。

宿泊地を振り返ると三〇メートルと離れていない。昨日、足跡はなかったので、この夜のものだ。なぜナッツは吠えなかったのだろう。熟睡していて気がつかなかったのか。気がついていたけど知らない振りをしていたのか。おそらく後者だが、ヤツの名誉のために断定は避けておく。

ヒグマのアシは私の進む方向と同じだった。途中、私が撃ったエゾライチョウのところをうろうろし、私が回収しなかった羽根がなくなっていた。ほんの少ししか肉片が付いていなかったので私があきらめた部分である。

「ヒグマは羽根も食べるのか……」

嫌な予感が渦巻いていた。これまでの北海道の狩猟登山で、仕留めた鹿を回収するつもりで原野に放置して、ヒグマに持って行かれたことが三回あった。ただ、一晩で持って行かれたことはない。それが唯一のよりどころだが……。

そんな淡い期待を裏切るようにアシはまっすぐに昨夕撃った雄鹿に向かっていた。おそらく私が昨夕つけた靴に付いた匂いを逆にたどっているのだろう。熊の匂いに気がついているナッツは私からあまり離れない。

二つの林道が隣接する部分の藪の中にもヒグマのアシは続いていた。それをみて私はあきらめた。

確認のためだけに鹿を撃った草原へ行った。鹿の死体はなかった。よく草原を見て、血痕を確認しないと、撃ったことのほうが白昼夢だったのではないかと思うほど、きれいさっぱりなくなっていた。銃を構えつつ、引きずった跡をたどってみた。ナツはそれを嫌がっている。笹藪を覗くように窺うと、五〇メートルほど奥でガサガサと巨大なものが動いた。乱射したいところだが、深追いは禁物だ。

街に出る前に、別の鹿に会えるだろう。雄鹿はヒグマにくれてやる。昨日まで三日間道に迷っていたことを考えれば、正しい道を進めるだけで充分だ。

とりあえず、標高を下げていく。鹿のアシや糞は多いが気配はない。

行程が予定より大幅に遅れていること、国有林を追い出されたショック、コンパスをなくしたこと、地形図の記述と実際の林道が違うこと、なのにこの先もけっこう複雑な林道を歩かなくてはならないことなど、いろいろと理由を付けて、少し国道をつかって距離を稼ぐことに決めていた。

できるだけ南北分水嶺沿いに歩くという目標からは逸れるが、天塩岳ヒュッテまでは計画で二三日、米の量は二〇日分、そのうえ三日遅れている。もしこの先計画どおり進むと六日間米なしになる。それでは旅そのものをギブアップすることになるかもしれない。ギブアップとは、誰かに助けを求めて泣きつくということだ。それは遭難と同じである。

行程が遅れたら国道を歩いて日程を調整するというのは計画当初から考えていたことだが、一〇日目で下方修正はちょっと情けなかった。

街を歩く

ヒグマの親子

このあと国道を何日間歩くことになるのかはわからない。天気もどうなるか見当もつかない。だから、いまもっとも必要なのは獲物（肉）である。この先、国道沿いに歩いたら獲物を狩るチャンスが減ると予想される。

鹿を探しながら歩くが、姿はなかった。平地まで下りるとゲートがあった。北海道大学の演習林と書いてある。ここも入林には許可がいるようだ。

「山越えで入ってきちゃったしなぁ……」出て行くので許してもらう。

幹線道路には向かわず、山麓の林道を辿って南へ。アップダウンがあって距離は稼げないが、鹿肉のほうが優先だ。

だがここでも、鹿には出会えなかった。休憩のたびに地図を見て、鹿の居そうなところを考える。昼間に鹿に会うのは期待が薄そうなので、目標を修正し、今日の宿泊地で、夕方牧草地に出てくる鹿を狙うことにした。鹿が出そうなうえに、狩猟ができる牧草地があり、焚火をして泊まれそうな森があるところに見当をつける。

地図だけで鹿の出没具合を予想するのは難しい。「どこにいるかなあ」とナッツに声を掛けるが、意見が返ってくるわけはない。候補地を決めると、別のところがよさそうに見えてくる。決断して賭けるしかない。

人家から離れた牧草地奥の森を第一候補にして、いったん車道に出ることにした。林道を下っていくと、リードで繋いでいたナッツが私のうしろに隠れるようにまわり込んだ。

「なに？」と前をうかがうと、草原で大小の黒い物体が揺れていた。

ヒグマ！　と思考が一瞬で沸騰する。親子だ。すばやく路肩に出て、銃を構えた。だが考えは定まらない。これは撃っていいのか？　どっちを撃つ？　運べるか？　肉は欲しい。いや無理か？　鹿を取られただろ。子グマなら……。子グマをスコープに載せた。だが、嫌な予感は消えない。狙いも考えも定まる前に、撃鉄が落ちた。子グマの反応は着弾したように見えた。だが銃声を残して二頭のヒグマは藪の中に走って消えた。

二頭がいたところに行くが、血は引いていない。

これでよかったという安堵が半分、いい加減な一発を撃った自責が半分。ただ、心の奥には子グマの反応が引っかかっていた。血痕が見つからなければいいと思い、私は本気で地面を観察しなかった。

そして逃げるようにその場を離れた。ナツも先を急ぐようにリードを引く。

「おまえ、さっきおれの後ろに隠れたな」と声をかける。ナツは知らない振りだ。

もし、あの一発で子グマがその場で倒れていたらどうなっていたのだろう？　倒れた子グマを放置して母グマが逃げるとは考えにくい。肉を運べる小さいほうを撃つというのは安易で危険な判断だった。助かったのはヒグマではなく私のほうだ。撃つなら母グマをさきに撃たなければならなかった。

もし私の観察どおり、弾が子グマに入っていたとしたら、今ごろ、瀕死の子グマを前に母グマはどんな気持ちでいるのだろう。

胸の奥にどす黒いしこりが残り、嫌な汗が背中を流れるまま、私は足早に林道を下っていった。

牧草地の奥で

遠くに車のエンジン音が聞こえはじめ、猟銃を分解してザックに入れた。樹が途切れて明るくなったところが工事中だった。警備員のオジさんが、ザックを背負い森の中から犬を連れて出てきた私を見て、ぽかんと口を開けていた。

「この道どこかに繋がっているの」とオジさん。

「繋がっているというか、いないというか」

「熊にあったらどうするの」

ついさっきの遭遇を思い出し、胸が痛んだ。

「犬がいるから大丈夫か。ははははは」とオジさんは笑った。

そのままさらに林道を降りていく。渓流とは言えないが、ぎりぎり清流とは言える流れから水を汲んで飲んだ。宗谷丘陵は水がクリアではなく、笹濁りだが、初日から気にせず飲んでいる。廃れ具合のちょうどいい魅力的な廃屋があった。ちょうどいいとは、侵入しても咎められないくらいボロボロだが、屋根と壁はあって充分快適な状態ということだ。今は天気もいいし、鹿を獲りたいのでスルーする。というかどんなにボロくても廃屋に入るのはやっぱり違法になる。ただこの手の廃屋の存在を事前に知っていたら、デポの配置がちょっと違ったかもしれない。

問寒別川沿いに下り、右手（西側）の森に入っていく。森から流れ出ている小川の横を宿泊地として狙っていた。

森の中の小さな河岸段丘に、タープを張って、ツェルトを立てた。夕方まで時間があるので米を炊いてしまう。オカズにする肉はもうない。夕方、森の奥へ続く林道を歩いて、鹿を獲るという目論見である。

ナツはツェルトの横で眠っているが、私はギラギラしている。今夕、もしくは明朝、鹿が獲れなかったら、この先は国道になるので長期間、鹿肉なしで歩かなくてはならないかもしれない。夕方の狩りは重要だ。

日没三〇分前まで出猟を我慢するつもりだったが、居ても立ってもいられなくなり、猟銃を持って宿泊地を離れた。

まずそっと上流に進む。手前の草原に鹿はいない。奥に広がる草原へ……。

茶色い物体が見えて、ビクッと動きをとめる。

大きな草原のいちばん奥に鹿の群れが出ていた。

身を屈めて遠くをうかがっている私を見て、ナツも異変に気がついている。目線が低いので、鹿は見えていないようだ。

まだ遠すぎる。うまく接近しなくては仕留められない。身をかがめ、音を立てないように前進。ときどき、そっと頭を上げて鹿を確認する。まだこちらには気がついていない。だが気取られるのも時間の問題か。気がつかれる前に撃つか……。もうすこし近づくか。

藪が薄くなるところを見つけて伏せる。群れの一頭が藪の隙間から見えている。ウエストポーチを銃座にして射角を調整。私が狙いに入ったことを察したナツが、その薄い藪に飛び込もうとする。

「あほ」と小声で引き戻す。

まだ遠い。肺の真ん中を狙うしかない。

撃鉄が落ち、銃声が森に響く。藪の隙間から撃ったので狙った鹿の動向が確認できなかった。立ち上がって草原を見わたすと、鹿が四方八方に一〇頭以上走っている。数頭の群れだと思っていたのだが、見えないヤツらもいたようだ。

動きの鈍いヤツを探して目を凝らすが、見当たらない。ナツが騒ぐのでリードを放す。火がついたように駆けていった。

どれだ？　血を引いているのはどれだ？　ナツは大きな雄を追って森の中に入っていった。そいつが血を引いているのか。私も見に行くが、血痕はない。おかしい。外したのか？

鹿が走り去ったほうぼうの草原を見てまわるが血痕は見つからなかった。

「クソ、もっと近づくべきだった」と思うが、後の祭りだ。

「失敗した、失敗した、失敗した」と後悔ばかりが頭の中を駆けめぐる。だが悔やむのは後でもいい。いまこの夕方のゴールデンタイムに、とにかく獲物の可能性を求めて行動するしかない。

下流にある別の牧草地に向かう。明日からの肉を撃ち漏らしたという思いがぬぐい去れない。ナツが戻ってきたので、リードに繋ぐ。下流の草原を覗くが、鹿はいなかった。このまま鹿肉なしの数日間が続くのだろうか。一縷の望みをかけて、もう一度さっきの群れが出ていた草原を見に行く。あれから三〇分ほど経っているので、神経の太いヤツがまた出てきているかもしれない。

だが、そんなことあるわけはなく、草原は静かなままだった。

「ダメか……、ほんとうにやってはいけない失敗をした」と思ったそのときだった。草原の奥から一羽のカラスが飛び立った。とりあえずカラスを今晩のオカズにと考えてなにかが頭の中で引っかかった。

「ん？　カラス？　なんで？」

それは私が狙った鹿が立っていたところに近かった。

「まさかね」と思いつつ、カラスが飛び立ったところに行ってみた。そこに鬼角（一歳）の鹿が倒れていた。

わお。思わずガッツポーズをしてしまったが、ちょっと考えると、倒した獲物を見落としていたなんて狩猟者として恥である。

夕暮れが迫っているので、急いで内臓をだし、背ロースと内ロース、胸肉をとる。心臓と舌をあわせればこれで運べるのはいっぱいいっぱいだろう。

国道を使って

出発時は一キロ持っていた砂糖が、まだ半分以上残っているので、朝のチャイを少し甘くする。流れのほとりに隠れるように張ったタープとツェルトを畳み、朝霧の中へ。森から林道に出たところで、先行するナツがどっちに行くか見ていたら、北に向かって歩いていった。

「オーイ、おれたち家に帰ってるんだぞ」と声をかける。自宅のある南へ向かっているというのは、この退屈な行程の重要な慰めだが、ナツはそれを感じていないようだ。

下流の牧草地に雄鹿が三頭入っていた。突然現れたわれわれを見てフリーズしている。そのつもりで用意していたら、充分に獲れた距離とタイミングだ。ナツが嬉しそうに駆けていったが、夜露に濡れた笹藪の中に突入してまでは追っていかない。

車道を横断し、そのまま問寒別《といかんべつ》川の堤に上がる。堤の上を歩いているときにはナツを繋がなくていい。川岸の藪の中にキタキツネがいた。ナツが興味深そうに近づいていく。山旅六日目の牧草地でキタキツネにあったときも鼻面が触れるほどまで接近していた。よその飼い犬が近づいてくると、尻尾を巻いて逃げるのに、キタキツネにはなぜか大胆だ。

こっちはこっちで勝手に歩いていると、広い川岸の空き地に親子の鹿が立っていた。「なんだよ」と思いながらさらに進むと、立派な角をつけた大きな雄がこちらを睨んでいる。昨夕、目の色変えて鹿を求めていたのがばからしい。

車道に出て橋を渡り、問寒別駅周辺の街を遠くに見ながら、国道のほうへ折れる。街は個人がアクセスできる「社会システムの端末」だ。アクセスするためのデバイスである貨幣を持たない私にはたんなる風景なのだが、じつは、こちらの事情がほんの少しだけ変化していた。

ひとつは、コンパスを探すためにウエストポーチをひっくり返したら一〇〇円硬貨が一枚出てきたこと。もうひとつはテレフォンカードの想定していなかった使い道に気がついてしまったこと、である。

金目の物はいっさい持たないことを徹底するため、ナッツを飛行機に乗せるために空港で払わなくてはならないペット料金さえも旅行券に替えたのに、ウエストポーチから一〇〇円玉が出てきたときは笑ってしまった。「無銭」という旅の看板に傷がつくのですぐに森に投げようと考えたが、裕福とは言いがたいこれまでの人生で染みついた根性がそれを許さなかった。というか、突然現れた一〇〇円は捨てるにはその存在感が面白かった。子どものころは一〇〇円持って駄菓子屋に行ったら、午後いっぱい楽しめた。だが、五〇歳を前にして徒歩旅行している身には、一一〇円ならともかく、一〇〇円ぴったりではお金としての力がほとんどない。一〇円ガムなら九個買えるが、そんなものを今、旅に加えても意味はない。突然現れた一〇〇円の価値を最大に引き出す使い方を真剣に考えるのは、無銭旅行ならではといえた。

街に出るまでたっぷりあった時間で考えた一〇〇円の最良と思われる使い方は、ハガキを一枚買うというものだった。自宅への連絡用にハガキを一枚だけ持ってきていたのだが、歩きはじめると、たった一枚ではいつ出すべきかのタイミングが難しかった。数枚持ってくるべきだったと後悔していたうえに、日ごろ、妻や妻の友人に「連絡をしない」と言ってなじられているので「ここで一〇〇円を食料ではなくハガキに替えたら、家族愛を強くアピールしたことになる」と下心満載で考えていた。

もうひとつの事情、テレフォンカードは、帰りの飛行機の便を変更するために持ってきていた。いつ終わるかわからない旅なので、一二月二八日を仮搭乗日として、正規料金でチケットを購入してあった（何度でも変更可能）。帯広─羽田は混雑する区間ではないので、登山終了後、空港のカウンターですぐに変更手続きができそうだが、もし、一日二日待たされることになったら、無銭サバイバルスタイルでは街場で時間を潰すのは苦痛になる。そのためテレフォンカードを持つのは、私のなかでは現実的な妥協だった。九月に実施したデポのときに、襟裳岬から帯広空港までの道沿いにある公衆電話をチェックしたほどである。

そのテレフォンカードのジョーカー的魔力に気がついたのは、森林管理署の車で強制退去されたときだった。車のラジオからたまたま流れてきた天気予報を一言も漏らすまいと聞いている自分を意識して、無銭徒歩旅行をしている者にとって天気予報は神のお告げに近い、と再認識したのだ。

短期なら少々の悪天など関係ない。だが長期は違う。雨のなか歩いて消耗したら、そのリカバリーに晴れの日の休息が必要になる。だが、晴れの日に休んでいたら、また移動日に悪天になりかねない。条件のいいときに動き、条件の悪いときに休む。移動と休息をいかに天気に合わせられるかが、長期徒歩旅行の成功の鍵なのだ。山の中では、経験と勘で空の状況を分析し、ちょっとした雨のやみ間に移動する苦労をいとわず、また、雨が降り出したら安全で快適な宿泊地を見つけ出し、濡れる前にタープの下に入り込む。これは地味だが重要な技術のひとつといえる。

だが、今の時代、個人の力では絶対に知りようがない近未来の天気をほとんどの人が知っている。衛星画像を使って解析しているという点で、もはや天気予報はＧＰＳと変わらないくらい、旅人とフィールドとの関係性を破壊しうる要素ともいえるが、旅の効率を考えるとやっぱり知りたい。

自力では知りえない情報を衛星から教えてもらってまで「上げたい効率」とはいったいなんだろう。そう自問する自分がいる一方、これまでの経験から、非効率な無駄のなかに身を置く「やるせない焦り」という不快も充分承知している。

森林管理署の車を降りてから、公衆電話があれば、テレフォンカードで天気予報を聞くことができると気がつくまで時間はかからなかった（若い人は知らないかもしれないが、電話で天気予報〈一七七〉と時刻〈一一七〉が聞ける）。カードの残度数が気になるものの、気象情報のほうがはるかに重要だ。

一キロほど東にある宗谷本線の問寒別駅に寄り道すれば、公衆電話があるかもしれなかった。だが今日中にもっと大きな中川の街に寄るので、神のお告げは中川町で聞けばいい。

じつは昨日、ヒグマの親子事件後に出会った工事のおじさんに「天気がどうなるか知っていますか？」と聞いてしまっていた。おじさんの口からは、すごい情報が飛び出してきた。

「週末に、台風が来るみたいだよ」

「え？」

曜日を意識していなかったので、週末が何日後なのかすぐにわからなかった。

「今日は金曜日だったはずだから……」台風はすぐそこまで近づいていた。

車道に出る

問寒別駅前には行かずに、国道に向かう道を折れ、さらに車道に平行して走る農道に入りナッツを放す。このまま、農道と天塩川の土手をかなり長く進めると思ったのだが、天塩川の土手には早朝から工事のトラックがぶんぶん走っていた。

ナッツを繋ぎなおして、工事現場入口を通過した。入口に警備員のお兄さんがいた。

「あのう……これからの天気がどうなるかご存じですか」

天気予報を知りたい、というこちらの要望を、自分が天気予報を知る術を（ほぼ）もたない無銭長期徒歩旅行者であることを説明せずに伝えるのは、けっこうむずかしい。

「おまえ、独り身か」というのがお兄さんの返答だった。ちょっと調子はずれの言い方が怖い。

「え、いや？　犬とふたりというか？」と混乱しつつ答えた。横浜の家族のことを答えたほうがよかったのだろうか。

「おまえ、独り身か?」とお兄さんはくり返した。目が据わっていて、舌足らずな感じである。

「え？　いや、だから……。もし天気予報を知っていたら……」

「天気は知らない。おまえ独り身か」

「あ、いや、ありがとうございました」とそそくさと土手の道を進んだ。かなり変わった人のようだ。最近、結婚したのかもしれない。それを尋ねてあげるべきだっただろうか。

天塩川の土手の砂利道を上流へ。最初のデポがある天塩岳ヒュッテは天塩川の最上流にある。今、目の前を流れる天塩川の流れは太く、川幅は一〇〇メートル以上ある。この大河がチョロチョロになるまで歩いてようやくデポ地の天塩岳ヒュッテがある。

国道の脇を歩くときは、ナツを繋ぎ、国道に平行する農道があれば、そこに入り、ナツを放す。土手の道で、測量をしている人たちがいた。警備員のおじさんに天気予報を聞いてみた。困ったような笑顔のまま、なにも返答がない。外国の僻地で地元のおじいさんに声をかけたような硬直した数秒が流れていく。ここ数日、ほとんど日本語をしゃべっていないので、こっちの日本語が変なのだろうか。

班長と思われるおじさんに天気予報を聞いてみた。

「台風はそれるみたいだよ。今日はとりあえず降らない予報だった」と端的な言葉が返ってきた。

地図を見て、車道を避ける。農道ではナツを放すことができるからだ。ナツを繋いで歩くと重い荷物に犬の牽引力が加わって、膝の痛みが増す。「引くな」とナツに教えるのだが、ナツは引かずに歩くことを二秒くらいしか我慢できない。

中川町に入る

中川町はメインロードが数百メートルくらいの街だった。人口は一〇〇〇人くらいだろうか。牛のほうが多いかもしれない。台風を予感させる温《ぬる》い風が抜けていく。まず郵便局に入り、一〇〇円玉でハガキを買った。おつりの三七円のほうが重いが、寄付するのも変なので、ポケットにいれ、「台風の進路をご存じですか」と聞いてみた。

「それるみたいですよ」と窓口のおばさんが教えてくれた。

そのまま町役場に行き「徒歩旅行をしているものなのですが、ハンターマップを一部わけていただけませんか」と聞いた。

このまま国道沿いを南下していくと、地図なしで歩く部分が出てきてしまう。広域の地勢図（二〇万分の一）や狩猟登録するともらえるハンターマップ（鳥獣保護区等位置図）を持つことを出発前に検討したのだが、地形図の枚数だけでもかなりの数なので、予備はすべて却下し、山岳地帯の地図しか持っていなかった。

「担当に聞いてきます」とお姉さんが奥に消え、しばらくしたら戻ってきた。「余っているものはないとのことです」

「無料の広域地図はありませんかね」

町内のパンフレットしか出てこなかった。

「この街に、図書館ってありますか？」

「生涯学習センターに図書室があって……」と町内のパンフレットで場所を示してくれた。一キロほど戻ることになり、そこに地図がなかったら、小一時間が無駄になる。

「地図ありますかね」

「さあ」

郵便局の前をふたたび通って北へ。生涯学習センターの図書室は教室三つぶんくらいの規模だった。軽く一周したが地図は見つからず、山岳書コーナーが気になってつい見てしまった。角幡（唯介）君の『極夜行』が「おすすめ本」になっていたが、私の著書はない。

「角幡君は北海道出身だからな」と自分を慰める。

利用者は私ひとり。

司書のお姉さんの視線を感じる。

私が焚火くさいのかもしれない。

「地図ありますか」と司書のお姉さんに聞いてみた。

「ロードマップでよかったら」と案内してくれた。

宿泊地を探すのにはあまり役に立ちそうにないが、ないよりはましだった。だが、コピー機が図書室になかった。コンデジで写すが、地図を見るために写真を画面に拡大していたらバッテリーがすぐなくなってしまう。

交差点にセイコーマートがあったこと、ハガキのおつりが三七円あることを思い出し、「このロードマップを借りてセイコーマートでコピーしてきていいですか？」と聞いてみた。

「登録してカードを作ってもらえばできます。免許証かなにかあれば……」

ぱぱっとやってすぐ返すよ、と思ったがそんな融通は利かないだろう。自分から文明的な能力を奪うつもりで運転免許証は自宅に置いてきていた。だから法律上、猟銃といっしょに持っていなくてはならない銃の所持許可証を出した。それを見た司書のお姉さんが固まって言葉に詰まっていた。銃の所持許可証は国家公安委員会が「銃を持たせても大丈夫なほど安全公正な人間である」と保証した証明である。これ以上ないくらいまともな人間であることを国が保証しているのだ。だが、その手帳を図書室で出す焚火くさいオッサンはやっぱり怪しい変なヤツでしかない。

ロードマップとナッツとザックといっしょに、セイコーマートに走り、コピー。必要なところは二ヵ所だったが、天塩岳を越えた先で、似たような状況に陥るかもしれないので、車道の繋がりがわかる広域部分を予備としてもう一枚コピー。これで所持金は七円になった。

ロードマップを返却して先を急いだ。いま歩いているところはまだ手持ちの五万図に出ている。五キロほど進んだ先にある支流の奥に入って、宿泊するつもりだった。

コンバット

中川町を出るところで、インド製手巻き腕時計を確認すると、一二時一五分だった。さっき図書室にかかっていた時計と腕時計を見比べて、腕時計のほうが三〇分進んでいたので修正していた。だから、ここ数日の感覚なら一二時四五分ということになる。

「そうするとあと何時間で暗くなるんだ?」とこの先の行動を考えるのにいちいち修正ぶんを差し引かなくてはならなかった。他人との約束があるわけではないので、日本の標準時に合わせる必要はなかったのだ。

昨日撃った雄鹿が重い。アスファルトの道を午後まで歩きつづけると足の裏が痛い。荷物を下ろし、靴を脱いで、足を冷やした。

ヨロヨロ歩いていたら、二人のおばさんが乗った車が横に止まった。さっき中川の町でその車とすれ違ったのを覚えていた。気の弱そうなおばさんが一人で運転しながら、ナツのことをじっと見ていたからだ。

パワーウィンドウが下がり、別の元気そうなおばさんがお菓子を持った手を伸ばし「はい、ワンちゃんに」と言った。中川の町でナツをじっと見ていた気の弱そうなおばさんは、今度は助手席でナツをじっと見ている。

「ども」と手を伸ばした。

気の弱そうなおばさんが犬好きで、ナツに関わりたいのだが、一人ではわれわれに声をかけられず、元気なおばさんに相談して、車で追いかけてきた……と推測した。

「歩いて旅しているの?」

「そうです」

「どこまで行くの?」

「南のほうへ」

「もう雪が降るわよ」

「今年は、ちょっと遅そうですよ」

「雪虫が飛んでいるもの」

「そうですね」

「ワンちゃん、大変ね」

「大変なのはおれのほうですよ。こいつの食いもんまで背負ってて」

「じゃあ、気をつけてね」

気の弱そうなおばさんは助手席で、口を挟みたそうな顔をしながらも、ずっと黙っていた。ナッツをネタにもうすこしていねいに対応していれば、もしかして、家に泊まってけと言ってくれたかもしれない。

おばさんにもらったお菓子はゴーフルだった。クリームを挟んだスカスカの高級ウエハースである。ナッツがそのルックスで稼いだものなので、半分ナッツにやり、半分はもらった。うまい。なんで二〇枚くらいくれなかったのだろう。

地形図から宿泊地の候補にしていた琴平川はバイパス道路建設の真っ最中だった。つぎの支流のサッコタン川の林道をめざして歩く。もし、さっきのおばさん二人にもう少しうまく取り入っていたら、どうなっていたんだろう。もし泊めてもらえるとして、家が中川の町だったら、五キロ歩いて戻らなくてはならない。風呂に入って、旨いものが食えるとしたら、片道一時間往復二時間を費やす価値があるだろうか？　明日天気が悪いとわかっているなら、屋根と壁には大きな価値がある。だが天気がいいなら進んでおきたい。やっぱり面倒が増えるだけかな……と、ほぼ起こりえない仮定を真剣に評価してみた。

小さな支流沿いに林道があったので、宿泊地を探して入ってみた。地形図にないその林道には真新しいタイヤ痕があり、宿泊地としてはベストとはいえなかった。林道の横を流れる小川に下り、少し遡ってみる。河岸段丘の平地があり、薪もありそうだ。沢の水は高低差なく蛇行していて笹濁りだが、濁った水を飲むのはもう慣れた。

タープを張り、ツェルトを立て、薪を集めて、白樺の樹皮を取ってくる。薪は煙対策のため、ていねいにすべて立枯れから取る。火を熾し、ナッ用の鹿肉をヒモで縛って煙をあて、ヌメリスギタケモドキを集める。チャイを沸かし、米を水に浸す。あんまり早く炊くと、夕方やることがなくなってしまうが、暗くなって仕事が残っているのも困る。

おばさんはナツがえらいと言っていたが、ナツは私に付き合っているというより、徒歩旅行を先導しているようにも見える。ここまでも、ナツが疲れて歩かなくなるかもと気を遣い、宿泊地に着いたらナツをマッサージしつづけてきた。餌も鹿の背ロースを一五センチやることもある。脂の乗ったエゾ鹿の背ロースは、基準を満たした施設で解体した場合、その末端価格は一〇〇グラム一〇〇〇円である。一五センチで数千円するはずだ。昼は長い散歩、夕方はマッサージと鹿肉。ときどき、狩りがそこに加わる。いやな時間は一秒もなく、ナツは私よりこの旅を楽しんでいる。計画そのものをナツが立てたのではないかと錯覚するほどだ。

ナツをマッサージしていたら、突然、車のエンジン音が近づいてきた。ナツが唸り、吠えたので、慌てて鼻面をつかんで覆い被さった。

「ばか、静かにしてろ」

樹林の間、四〇メートルほど奥に車が見えた。沢を溯行して、林道から離れたつもりになっていたが、流れが蛇行していたため、逆に林道に近づいていたらしい。大失態である。

ブレーキ音がして、車がすぐそこで停まった。国有林から強制退去させられたあの記憶がよみがえる。唸るナツの鼻先を抑えたまま、身じろぎしないで待つ。

チョロチョロチョロと水をこぼすような音がして、タバコの匂いが漂ってきた。戦争映画の「コンバット！」にこんなシーンがあった。しばらくジッとしていると、ジーッバタンとスライドドアが閉まる音がして、車は走り去っていった。林道の奥で作業していた人たちが、県道に出る前に用を足しただけで、われわれの存在に気がついたわけではないらしい。

念のためナツを繋いで、車が来ても走っていけないようにした。ナツはかなり不満そうである。

夜中に鹿がすぐ近くまでやってきて、ナツが吠え、鹿は慌てて跳んでいった。

国道を歩く

音威子府《おといねっぷ》まで天塩川はゴルジュになり、国道に並走する農道はない。地図には山を越えていく林道も記されているが、ここまでの経験から林道がほんとうに存在するのか不安がある。楽しくないのは承知で、国道を行くことにした。

予想どおり、車がすごいスピードで走り抜けていく。トラックも多い。道は単調で足の裏も痛い。膝の痛みから右足を引きずってしまう。左足をかばって歩いていたら、いつのまにか右足まで痛くなってしまった。

左足に着けていた装具のようなサポーターを右足に付け替える。ナツが轢かれないように繋いでいるため、荷物の重さにナツの牽引力も加わっている。ときどき、リードを引いて「引っ張るな」と怒ると、恨めしそうな顔をするが、すぐにぐいぐい引っ張りはじめる。リードをナツの後脚の間から出すようにしたら引かなくなった。リードが股に食い込んで痛いようだ。ちょっとかわいそうだが、こっちも膝が痛いので、この作戦を続行する。

車道沿いに廃屋があり、休憩がてら覗いてみた。快適そうだが、まだ歩きはじめたばかりだし、雨も降っていない。そもそも、火を熾せないところは私の宿泊地にはならない。

国道沿いにはゴミが多く、未開封のお菓子でも落ちてないかな、と思っていたら、ほんとうに「焼き芋クッキー」が落ちていた。古くなっているだろうと思いナツにやってしまったが、ナツが食べている姿を見ていたらよだれが出てきた。

それからゴミをよく見ながら歩いた。封が切られていないように見えるものは、念のためストックでつつく。液体の入ったペットボトルが多い（小便かもしれない）。食べ物がそんなに頻繁に落ちているはずがないよな、と思いはじめたころに、未開封のプリッツが一袋落ちていた。世の中はいったいどうなっているのだろう？

荷物が重いので、さっさと食べてしまおうと、封を開けた。傷んでいるようすはない。ぼりぼり食べていると、下から視線を感じる。

「おまえが見つけたものじゃないだろ？」封が開いていない食料の発見に関しては、匂いで探す犬より、目で探す人間のほうが上だ。「そもそも犬には塩が濃すぎるんだよ」

膝も足の裏も、ザックが食い込む肩も痛い。天気もぱっとしないし、音威子府の町に近づきすぎると、野宿がしにくくなる。それらがすべて自分への言いわけだとわかっていたが、一二時前に、鬼刺辺《おにさしべ》川沿いに続く古い轍に入った。林道は少し離れた場所に通っているので、土手を車が走った痕跡はかなり古く、タープが人目に付く心配はなさそうだ。河岸段丘にタープを張り、鹿の匂いをとって興奮しているナツを、「国道には出るなよ」と言って解放した。

薪を集めて、チャイを淹れ、夕飯の準備をしたら昼寝。小さな字で出来事を綴ってきたハガキにスペースが乏しくなってきた。音威子府で出すことにして、今日の出来事も簡単に書いておく。

周辺の散策に出たナツが帰らないので呼ぶと、土手の上で立ち上がり「なにごとですか」という顔で見下ろした。散歩からはとうに帰ってきて、見晴らしのよい場所に寝転んでいたらしい。繋がれたくないので、私から少し距離を取っている。

米を炊く。正直なところこの河原で焚火をしていいのか、違法なのかわからない。焚火なしでこの旅がうまく行くか、考えてみた。ナツは火なしで旅ができるだろう。どこかの陰に潜り込めばタープもいらない。ゴミを漁れば食料も持たなくていい。徒歩旅行の能力に関しては犬のほうがはるかに上だ。人間が獲得した火をあやつる技は画期的だが、逆にわれわれは火がないと生きていけなくなってしまった。

ほぼ炊けたご飯を遠火にかけ、銃を持った。周辺には鹿の痕跡が多い。ナツを放して歩くと鹿が跳ぶので、「行く方向フェイント」で捕まえて繋いだ。そのまま、上流に向かう。

地面についた足跡が真新しい。雄鹿の匂いが私にわかるほど漂っている。「こりゃ、いるな」と思っていたら、黒い影が走った。私も土手に走る。雄鹿が対岸の斜面に上がり、立ち止まった。見えるところに出て、軽く銃を構える。撃鉄は上げない。

ナツがワンワン吠えてリードを引き、すぐそこにいる鹿を撃たない私を非難している。肉は充分ある。やっぱり撃たない。

天塩岳ヒュッテへ

音威子府通過

朝早いうちはまだ車が少なくて快適だ。だが歩き旅は山中に限る。山の移動は自在に動ける二足歩行がもっとも効率的だ。整地された道路では、歩行はかくかくして効率が悪く、流れるようにまわるタイヤにはかなわない。

街と言っていい音威子府《おといねっぷ》に入る。

道ばたに公衆電話があり、テレフォンカードを入れて、一七七と押す。

「旭川地方気象台一〇月一二日午後五時発表の……」

機械の音声だとわかっているのにドキドキする。コンピューターが予報を中断して「これから読み上げる天気予報を聞くことは、登山を汚す可能性があります」と指摘されるのではないか。

猛烈な台風は本州を通過して、太平洋は大荒れとのことだが、道北は風がある程度で安定しているようだ。予報の終わりに、長期予報の番号のアナウンスがあり、メモして、テレフォンカードを入れなおした。いったん緩んだタガを締め直すのはむずかしい。どうせ電話がなければ聞けないんだから、電話がある場所でくらい天気予報を聞いてもいいだろう。旭川地方気象台なので、度数が減るのが速い。長期予報を地図にメモする。おおよそ天気は安定しているようだ。

音威子府郵便局前に立つポストを机代わりにして、最後の一文を書いてハガキを投函。

音威子府の村には高校があった。敷地は広いが校庭には誰もいない。こんなところに生徒がいるのだろうか。地図をよく確認してから、国道を離れ、天塩川の土手道に入る。土手道が先にちゃんと繋がっていないと荒れ地を藪こぎすることになる。

咲来《さっくる》という町に入るが、地図にある郵便局は閉鎖され、家も半分は無人、そのうちのいくつかは廃墟になっている。台風の影響で道路に積もったほこりが舞い、西部劇で対決が始まる前のようだ。おばあさんが三人の子どもを連れていて、その一人が、放しているナツを見て「キツネ?」と言った。

「犬だよ」と手を振る。ナツは子どもが嫌いなので、遠巻きにして、足早に行ってしまった。

九時三〇分に宗谷本線天塩川温泉駅に入って弁当。訪問者が自由に記入するノートがある。私の歩いてきた農道は天塩川温泉とセットでウォーキングコースになっているようだ。隣駅からウォーキングしてきて、温泉に入って、この温泉駅から宗谷本線で宿泊地の町へ戻るというプランである。

温泉を褒めた書き込みが多いが、料金が四〇〇円なので私は入浴できない。

街場の調達食料

道路を歩いていて気になるのは、畑である。作物を取ったら畑泥棒だが、畑の隅に堆肥として積まれたクズ野菜はどうなのだろう。充分食べられるものも捨ててある。

広大なトウモロコシ畑から背丈二メートルほどのトウモロコシが道に倒れていた。ちょうど食べごろに膨らんだ実が私を魅惑する。

躊躇していると逆に怪しまれるので、何食わぬ顔でトウモロコシをもぎ取り、歩き出す。完全に畑から出ていたので窃盗ではない、と信じることにする。しばらく歩いてからザックにしまい、どうやって食べるかレシピを考えることで、少し疲れを忘れて歩くことができた。

宿泊地として適しているのは、町から適度に離れた森から流れ出ている小川のほとりである。川沿いに行き止まりの林道が通っているとなおよい。目をつけていた紋穂内《もんぽない》の支流にたどり着く前に、五万図に水線の引かれていない小沢沿いに林道が延びているのを発見した。ちょっとようすを偵察に入ろうとした曲がり角になぜかカボチャが一個、転がっていた。

さっきのトウモロコシのように作物とゴミの中間などという半端なものではなく、正真正銘、道路に落ちているゴミである。トラックの荷台からこぼれ落ちたのだろうか。「私が拾わなければ腐って果てるゴミだよね」と誰かに確認したい。

地形図に記されていない道だったが奥行きがあり、最後は取水口で終わっていた。さらに奥に入っていくと、湿地帯に台地を見つけることができた。全体的に湿っていてナツはあまり気に入らないようだが、ザックを下ろす。

タープを張り、立枯れを切ってくる。チャイを淹れてから、特別ボーナスとも言えるカボチャとトウモロコシを並べる。トウモロコシは皮を剝かずにそのまま焚火に載せ、カボチャにナイフを入れる。固いカボチャをなんとか切って、半分はそのまま焚火にくべた。重くてどうせ運べない。残りの半分をスライスし、フライパンで焼く。カボチャはとくに好物ではないのでレシピをよく知らない。どのくらいで火が通るのだろうかと、ちょっと焦げたカボチャを齧ってみたら、悶絶クラスの旨さだった。

カボチャはこんなに旨かっただろうか。この手のものに飢えているからか、このカボチャが特別うまいのか、これまでの妻のカボチャ料理は味を台なしにしていたのか。ほくほくと上品な甘みが空腹に染みわたる。カボチャ恐るべし。焚火にくべてしまったカボチャが急に惜しくなり、掘り出して焦げを削って齧る。

トウモロコシもひっくり返しながらようすを見る。全体的に焦げたところで皮をむき、醬油を垂らす。

飼料用のトウモロコシなので、歯ごたえがあって、下品な甘さがないところはよい。だが旨みも少なく、歯に挟まる。ナツが近づいてきて、じっと見ている。

「おまえはトウモロコシなんか食べないだろ」と鼻に近づけてみた。やっぱり食べない。カボチャが手に入ることがわかっていたら、窃盗まがいのことをしてトウモロコシを手に入れる必要はなかった。

クズ野菜の助け

やけに冷え込んだなとツェルトを出ると、世界は霜で真っ白になっていた。私の踏んだところだけ霜が解けて、枯れ葉色に変わる。朝食を済ませ、森を出て、国道を渡り、天塩川の土手道を歩く。ナツを放すためだが、土手は国道と天塩川に挟まれていて、生き物の気配が乏しく、ナツはいろんな匂いを楽しむことができないようだ。

天塩川を渡るためにいったん、国道（美深《びふか》大橋）に出て、また土手道に入って、ナツを放す。そのまま国道に沿って延びる農道を南下していく。本来歩くはずだった北海道の南北分水嶺の山並みが一〇数キロ東側に天塩川に平行するように続いている。

荒野を旅するために家を出てきたのに、効率を求め、人里に降り、横を抜けていく車に顔をしかめながら、アスファルト道を歩いている。その道が手持ちの五万図からはずれて、いよいよ中川の町でコピーしたロードマップを出した。美深の市街地が右手に見える。中心地を通れば、公衆電話を見つけて、天気予報を聞くことができるだろう。未来を見通せるという意味で、天気予報は生き残りに直結する情報であり、神様との交信に近い。だが、旭川地方気象台の神様のお告げは、昨日聞いたばかりなので、今日は我慢だ。

天塩川の屈曲に沿って道が南東に曲がり、旧智恵文《ちえぶん》村に入る。

「智恵文だってよ」とナツに声をかけた。私が知恵者だと褒められているようだ。智恵文川に架かる橋を渡って、南東へ。郊外なので畑がずっと広がっており、畑の隅にはクズ白菜やクズカボチャが積まれている。そこから小さめのカボチャをひとつ失敬した。これで今日もうまいカボチャが食べられる。

道沿いのこぎれいな家の前に顔型をくりぬいたカボチャが並べられていた。それを見てようやくハロウィーンという行事が最近日本でも幅を利かせはじめていたことを思い出した。私が子どものころはなかったが、いつのまにか、なにを祝っているのか深く考えることなくみんな楽しんでいる。西洋文化への盲目的憧れと、経済効果を期待した煽動のようで、私はどうも好きにはなれない。ただ今晩もカボチャが食べられるのはそのハロウィーンのおかげだ。

天塩川を渡り、右岸の農道へ。国道は左岸なので車は少ない。それでもときどき車が通り過ぎて行く。ナツが轢かれないか心配だが、繋ぐと引っ張られて、膝が痛いので放したままゆく。

犬を飼いはじめる前は、犬と旅人との濃厚でドライな付き合い方に憧れていた。イヌイットが走れなくなったソリ犬を雪原に捨てて旅を続けたり、ナンセンが北極探検でソリ犬を食べてしまったりというやつだ。だが、ナツと登山や猟を三年間ともにして、こうして北海道をいっしょに旅できる相棒になったいま、ナツは私にとってかけがえのない存在で、とてもドライに接することなどできない。

引退セレモニー

車道を歩いていると、車と自分の対比から、自分の移動効率の悪さがいやでも意識される。そしてそれは「なんでこんなことをしているのだ?」という自問に変わり、ずっと頭の中をめぐりつづける。

一歩一歩集中しなくても危険はないので、余計なことを考えてしまうのかもしれない。

気がつけば、自分の経験と肉体をフル動員するような集大成といえる山旅をする時期を逸していた。そして膝の痛みがそのことを決定づけた。それまでは体がそこそこ動いていたので「まだ大丈夫」とどこかで自分を騙し、集大成的な山旅に出発する煩わしさや困難から目を背けていたのかもしれない。もう肉体を酷使するような山旅をやめる(引退の)潮時であることはわかっていた。だが、これまでの人生をずっと登山的身体表現で生きてきた積み重ねがあるので、それを簡単に手放すこともできなかった。最後にもう一回だけ、とすがりついて、登山者は「山に死ぬ」のかもしれない。

自分の集大成といえる登山や山旅を作り出すには遅きに失したが、それでも最後にできることをしたいと、まずまっさらな自分の気持ちと素直に向き合った。そこには「一丁の銃を肩にかけ、犬とともに荒野をどこまでも旅する」というイメージがあった。そこに、自分の持ち駒と現実的にできることを重ねて、財布を持たずに北海道にやってきた。それは集大成というような大それたものではなく、老後に人生を振り返ったとき、後悔しないための思い出作り、もしくは引退セレモニーのようなものだった。

そしていま北海道にいて、アスファルトの道を歩きながらまだ「なんでこんなことをしているのだ?」と自問しつづけていた。

食料を自己調達しながら長い旅を続けるというのは、すこし前に移動型の狩猟採集民族がやっていたことである。私はただ昔のスタイルで生きることに憧れているのだろうか。

人はよかれと思って、農耕をはじめ、文明を作り、豊かになるべく努力してきた。戦後から高度経済成長期まで生きることに追われていた日本人も、勤勉さと時代のめぐり合わせで豊かになり、いま、私も家族も近い将来の食料に不安を抱くことはない。豊かさの一要素として求めていた「生活に追われない時間」も増え、私はその時間でこの旅をしている。

若いころは自分のできることが増え、家族も増え、成長や繁殖は生命力のダイレクトな手応えとなって私を肯定し、生きている意味を問う必要はなかった。盛りを過ぎると、もはや自分には人類の限界を押し上げるような可能性が一ミリも残されていないことを認めなくてはならなくなる。繁殖も終わり、自分の生命力が高まる余地はなく、人類の可能性を示すためでもない、そんな人生の残りの時間とはなんだろうか。ずっと煮詰めていくと、死ぬまでの余った時間をつぶす、たんなる暇つぶしと言えまいか。

自分でたどり着いたそのむなしい結論への反論がにわかには思いつかなかった。それどころか、生活や人生のすべてが「死ぬまでの暇つぶし」なのではないかと思えてきた。

高校を二年生で退学し、家で絵の勉強をしていた玄次郎（次男）の存在も、そんな考えに至ったひとつの要素だった。学校を辞めた直後は張りきっていたが、やがてコンピューターゲームばかりやるようになり、自死さえ口にした玄次郎相手に、社会的な地位や経済的成功にいったいなんの意味があるのか、説明する言葉や思想を私はもたなかった。成功者になれば、それなりに満足し、気持ちがいいのだろう。その幸福感は、コンピューターゲームで感じる快感より複雑で濃密かもしれない。だが誰もが手にできるものではないし、手にしなくてはいけないものでもない。ただなんとなくだらだらと生きて歳をとって死んだとして、いったい何が悪いのか？　経済的に成功したり、他人より優れた存在であると評価されたりしないと、人は幸せを感じられないのか？　それが人生ならそんなものはいらない、と考えるほうがよっぽどまっとうな気がする。

ただ、自分のもつ能力を最大限に発揮するのはやっぱり面白い。たぶん、面白いと感じるようにできている。なぜだろう？　生命も物理法則に支配された物体の一形態であるはずなのに、なぜ面白いと感じるのか？

ナツすら山旅犬としての能力を発揮する瞬間瞬間を楽しんでいるように見える。存在の理由や意味など考えずに、ただ脳内の快楽物質が生成される刹那を求めて生きている。ある意味ではかなり幸福な存在だろう。人は犬のようになれないのか?

一期一会でナツに出会い、三年間いっしょに山を歩いて、ともに「旅する者」としての経験を積んできた。そしていま、そのナツといっしょにいちばんやってみたかった旅をしている。だが、そのナツは今このときにも不注意な暴走車に轢かれて死ぬかもしれない。

もしナツが死んだらと仮定してみた。またどこかから犬を連れてきて、三年間いっしょに山を歩いて訓練し、北海道へ無銭旅行に行くだろうか。行くかもしれない。が、おそらくは、ナツと過ごした時間と同じモチベーションで訓練期間や北海道の旅をくり返すことは不可能だろう。加齢により、身体も気持ちも少し弱くなっている未来の自分が見える。私はもう、この三年を一からやり直せるほど若くはない。ナツの存在そのものが私にとってやり直しの利かない一方通行のようなものだ。

だが、かけがえのない犬だからといって、家に閉じ込めておいたら、元も子もない。私の命も同じだ。ナツも私もどんどん流動し、変化しながら、ひとつの命として均衡を保ちつづけている。私もナツも今この瞬間に、山旅の一部としてその命を野生環境に露出させなくては、ここまで積み上げた経験が発揮されない。今このときは今しかなく、最終的には、私もナツもいつか死んで消える。世界にとっては私もナツもまったくの無価値である。だが私とナツにとってはこの瞬間は絶対だ。

なんとなく人生の終着点のようなものが、遠くにうっすら見えはじめると、自分にとって必要なものは減っていく。たとえばある本を面白いと思っても、簡単に捨てることができる。価値を感じても再読する時間が自分に残されていなければ、価値がないのと同じだからだ。

そう考えると今の自分に大切なのは、これまでの人生とこの先の人生が詰まっているもの、そして残された時間を費やすに値するもの。この二つくらいしかない。

人間関係も同じで、気が合いそうな新しい知り合いができても、仲を深めている時間は残されていない。出会いとこれまで積み重ねてきた時間とこれから積み重ねるであろう時間を総合すれば、重要なのは家族や古い友人である。なかでも最重要なのは死ぬまで付き合う子どもたちなのだろうと結論した。

そしてはたと気がついた。

子どもたちに幸せになってほしいと願うのは、私が人生をまっとうするには、自分と濃厚な関係をもつ子どもたちの幸福が必要だからだ、と。

とするとここに、子どもたちが人生を楽しんで幸福になるには、そのまた子どもを中心とした周辺の関係者の幸福が必要で……という幸福の連鎖が必要になる。

なるほど、これが世界平和と環境保全運動の柱か。こんなことアスファルトの上を延々歩くという暇な旅をしなければ考えもしなかった。旅情にほだされたいい子ちゃん的見解だが、この見解が愛おしいという感情なのだろう。

そんなことを考えながら、農道を歩いていると、時間的にも体力的にも野宿的にも行動を終えるころ合いになっていた。このまま進むと名寄の市街地に入ってしまう。小川はあるが上流側の森には平坦地がなさそうなので、小川の下流側のうっそうとした藪にはいり、天塩川の河川敷で宿を探す。小川のなかをじゃぶじゃぶ二〇〇メートルほど進むと天塩川にぶつかり、灌木に囲まれた平坦地があった。周辺の藪を切り開いて小さな宿泊地とする。今宵の生活用水も笹濁りの小川である。

銃声がして、そのたびにナッツが反応する。音のテンポからトラップ射撃をしているようだ。近くに射撃場があるのだろう。肉の残量がすこし不安になってきた。一頭撃つために行動すべきか、荷物を軽くしたまま天塩岳ヒュッテに急ぐか。とりあえずもう少し環境が山っぽくならないと猟銃を出して歩くことすらむずかしい。拾ったカボチャを食べ、昼間考えていた個人の幸せと世界平和の相関関係を地図の裏に書いておいた。

豆ご飯

朝からアスファルトの上を歩きつづける。道のかたわらに道北射撃場の看板があった。小一時間で名寄の街に入り、ナッツを繋ぐ。ちょうど朝の通学時間と重なり、小学生が私とナッツに興味深そうな視線を向けながらも、遠巻きにして行く。名寄駅前の公衆電話に入り天気予報を聞く。長期予報はテレフォンカードの度数がかかるので今朝はお預け。駅前の時計とインド製手巻き腕時計を比べたら、腕時計のほうが一五分早い。一日約五分進むようだ。電光掲示の温度計は摂氏五・四度を示している。

名寄高校の横を抜けて、まっすぐ南へ。このままずっと南に行けば横浜の自宅があるのだ、とまた考えている。暖かいほうへ向かっているという希望もある。少しずつ寒くなっている気がするが、それでも例年に比べれば、冬の訪れは遅いようだ。

士別《しべつ》市街の東端の農道を南下していく。この先、国道は標高二五〇メートルほどの塩狩峠を越えて旭川に繋がっている。私とナツは天塩川本流に沿って東に曲がる。周辺の畑は大豆の収穫期で、枯れた大豆を大きなコンバインがロールをまわしながら収穫している。大豆を積んで走るトラックからこぼれた豆が道路に無数に転がっていて、私はそれを拾ってポケットに入れる。歩行をやめ、重い荷物を背負ったまま腰を屈めるほどの価値が一粒の大豆にあるのか悩ましい。一回しゃがんで数粒拾えればいいのだが、まとまって落ちていることはない。

今日も里に近いどこかで、上手いこと宿泊地を見つけなくてはならない。飲料水を確保できて、焚火の煙を見られないところだ。墓地があり、その横に林道が続いていたので入ってみた。すぐに林道は行き止まりになってしまった。奥が平坦に見えるので、強引に藪を漕いで行くと樹林の斜面に下草のまばらな平地があった。湧き水も近い。

タープを張り、薪を集め、拾った大豆と米を水に浸し、寝転がって夕暮れを待つ。薄暗くなったところで炊事開始。今日は豆ご飯である。ナツはご飯はあまり好きではないが、欲しそうな顔をしているので、やったら食べた。肉が乏しくなったので、腹が減っているようだ。

朝日町

宿泊地から出てくるところを人に見られたくない。薄暗いうちに藪を漕いで林道に出ようとして、倒木で足を滑らせ、派手に転んでしまった。ベキンといういやな手応えがあり、手をあげてみるとストックが折れていた。

強度より軽量性を重視したモデルだったが、膝が痛いので重要な装備だった。装備の破損は悪循環の始まりのようで嫌な気持ちになる。

道路に出てから、ストックをよく見るとテーピングで直りそうである（折りたたみ機能はなくなった）。放したナツはどこかに行ってしまった。吠えて怪しい人間の存在を知られないよう、昨夜中繋いでいたので、鬱憤がたまっているのだろう。

農道脇の紅葉が見とれるほど美しい。冬が確実に近づいているということでもある。士別の街を遠巻きにするように農道を進み、ナツを繋いで道道《どうどう》に出る。ばらばらと雨が降ってきて、道ばたのガレージに避難させてもらう。道を挟んだ向かいが、ガレージの主の家のようだ。玄関の引き戸が開いて、休んで行きなと声をかけてくれないかと妄想する。

雨具を着て、弱まった雨のなかへ。雨の日はできるだけ歩きたくないが、周辺に宿泊可能なところはない。寒気はいやだが、雨より雪のほうがいい。ナツの毛も少しずつ濡れていく。

空が明るくなったとおもったら雨が上がった。朝日町の街に入る。さびれた小さな街だが、天塩岳の玄関口というのが売りのようだ。私にとってつぎの街は天塩岳と大雪山塊を越えた先なので、ここは最後の街という感じである。

なんだか人と言葉を交わしたい気分だが、街を歩く人はすくない。老婆が手押し車を歩行器代わりにしてゆっくり歩いている。私と言葉を交わすエネルギーはなさそうだ。小さな美容院の前でおばさんが二人、大きな声で会話をはじめた。こちらをちらちらといぶかしげに見ている気がする。

郵便局の近くに公衆電話があり、天気予報と長期予報を聞いた。理想は天塩岳ヒュッテでの休養日と悪天周期が重なり、出発と同時に長い好天期がやって来ることだが、こちらの都合どおりには行かないようで、明日から数日はぱっとしない天気が続くようだ。

二、三日の登山なら、山に泊まる夜が残っていると、下山はまだ先の感じがするが、長い登山をくり返すと、一晩挟んだ二日間くらいをまとめて下山日と感じるようになってくる。デポのある小屋に着くのは下山ではないが、下山的集中力が穏やかに高まっている。

と同時に「ほんとうにこんなことをまだ続けるのか?」という国有林退去事件からずっと引きずっている自問も頭から離れない。ここ数日は山旅というより、隠れながら国道沿いを進んでいるだけだ。里山での宿泊は客観的に見ればかなり怪しいだろうし、私の気分も脱獄犯である。里の裏山での焚火は法律的にも黒に近い灰色だろう。国有林内で狩猟できるのは土日だけ、しかも、入林届けを出さなければならない。森林管理署が例年以上に目を光らせているのも厄介である。一回帰って出直すという選択肢をいつも頭の中で検討している。

だが、旅を中止するにしろ、お金を持っていないので帯広空港までは歩かなくてはならない。段ボール箱を調達すれば、ナツといっしょでもヒッチハイクできるだろうか。中止した場合の細部をあれこれと想像するのはたんなる精神安定のためであって、自分がこの旅を本気であきらめるほどには、追いつめられていないこともわかっている。

野菜調達方法

天塩川の支流ペンケヌカナンプ川沿いの道に入るべく朝日町のはずれに出たら、おじさんが畑仕事をしていた。ザックを下ろし、ナツを繋いで、土手から畑に降りて、積んであるクズ野菜の前で、思いきって声をかけてみた。

「すいません、この野菜もらっていいですか」

これまで畑のクズ野菜を失敬しながら、農家の方に声をかければクズ野菜なんかコソコソしなくてももらえるはずだと思っていた。最初かなり不審な目つきで私を見たおじさんが、土手のザックとナツと私を何度か見てから「いいけど……」とつぶやいた。

「ありがとうございます」とクズ野菜の山をひっくり返しはじめた私におじさんが近づいてきた。

「なにが欲しいんだ？」

「なんでもいいんですけど……。とりあえずダイコンかな」

「ほんなら、そんなゴミじゃなくて、こっちの抜いていけ」

「ありがとうございます」と端っこの小さいのを抜こうとしたら「そんなのおいしくないから、その太いヤツを持っていけ」と鎌で指した。

「いやこれで充分です」

「いいから旨そうなのもっていけ。ほかに欲しいのはないのか」

「もし可能ならネギが……。薬味というものを数日食べていなくて……」

「ちょっと待ってろ」とおじさんがネギが植わっているところへ抜きにいった。「歩いて旅してるのか？」

「山登りです。これから天塩岳ヒュッテに入ります」

「ここからじゃ今日中に着かんだろ」

「いや、まあ、適当に野宿させてもらって……」と答えにくいことを答えた。

「この天気じゃ山はもう雪だ」とおじさんは天塩岳のほうを見た。

「やっぱそうですか」

お礼を言ってザックに戻った。太いダイコンで荷物がすこし重い。おじさんがこちらを見ているので手を振った。たぶんナツを見ているのだろう。

ペンケヌカナンプ川沿いの道をゆく。道の両側は田んぼと牧草地で大きな農家が点在している。トラクターに乗った気のよさそうなお兄さんに声をかけられた。

「天塩岳にいきます」と答える。

「熊がうろついているから、気をつけてねえ」

「はーい」と答えるが、どう気をつければいいのだろう。

いつもより長く、昼過ぎまで歩いて、茂志利トンネルの前まできた。明日一日あれば天塩岳ヒュッテに確実に届く距離である。最終集落は二キロくらい下流なので、焚火の煙に気を遣う必要もない。いい感じでさびれた林道が支流沿いに延びていた。いい感じとは、車は入れず、歩くには問題なく、奥には適当な平地がありそうということだ。

予想どおり小沢の手前に広場があった。久しぶりにきれいな沢水も飲める。タープを張り、ざっと薪を集め、米を水に浸してから、銃を組み立てる。峠に続く廃道を本気モードで偵察に行けば鹿に会えそうだ。明日の午後から始まる休養日用に鹿肉が欲しい。ここまで来れば、荷物が重くなることより、肉を調達することのほうが重要である。

雰囲気を察したナツも興奮している。車道をすこし戻って廃道に入った。鹿が踏む道の真ん中だけ、草が生えていない。左右の放棄された牧草地はいまにも鹿が跳びそうだ。やや緊張して進むが、鹿には会えないまま、薄暗くなってきた。今日は終わりだ。やりたがっているナツを無理に引きずって、宿泊地に帰った。

廃道の鹿

一〇月一七日曇天、銃を肩にかけ、ナツは繋いで出発。新しいトンネルではなく、峠を越える旧道（廃道）で先に進むことにした。昨夕の偵察で、獲物の予感がするからである。昨日歩いた部分を過ぎ、奥へ。ナツが匂いを取って枝道に入りたがっている。ザックを置いてすこし入ってみるが、新しいアシはない。ナツはただ狩りの始まりに興奮しているだけのようだ。

ザックを背負い本道と思われる道を進む。奥から鹿の盛り鳴きが聞こえた。こっちも笛を出して応える。やや遠いので寄せるのは無理そうだが、林道の繋がり具合では、出会える可能性が高い。

案の定、廃道は盛り鳴きが聞こえたほうに続いており、こっちの歩調は速くなる。とそのとき、藪がちな林道の真ん中に雄鹿が立っていた。銃を上げる間もなく、鹿は斜面を跳び降りた。そいつが立っていたところまで忍者走りして、見下ろすと枯れかけたイタドリの中をゆっくり歩いている。銃を上げたが、狙いをつける前に見えなくなった。

鳴いたヤツも気になるが、すぐ近くで笛を聞いたにもかかわらず立っていたコイツも気になる。発情期なのでテリトリーから離れないのかもしれない。ザックを廃道におろして、ナツを繋いだままイタドリの藪に進入した。

私は真新しいアシを追う。ナツは雄鹿の居場所がわかるらしく、真っすぐそっちに向かう。私とナツのあいだにイタドリが入り、リードが引っかかって、つんのめる。

「バカ」と小声で言って、リードを引く。ドサッドサッという鹿が跳ぶ音がすぐ下でする。こちらも忍者走りで追う。イタドリが途切れたところでチラリと鹿の背中が見えた。だが、すぐに小尾根の向こうに見えなくなる。別のほうからまた足音。ふたついるのか？

そっちに向かってみるが、開けたところに出ても影はない。しばしジッと待つが、どうやら、散ってしまったようだ。追いたがるナツを無理に引っ張ってザックに戻った。

まだチャンスはあるだろう。獲れなかったら小屋からここまで遠征してもいい。

盛り鳴きしたヤツを意識しながら進み、何度か笛で呼んでみたが、鹿に会うことはなく峠に出てしまった。鹿の気配がない砂利道が一気に標高を下げていて、牧草地に出た。秋の刈入れは終わっていて、ここにはいかにも鹿がいそうだ。

牧草地の真ん中にカラスが二羽。このまま鹿が獲れなければ、カラスも貴重な食肉になる。だが、もし近くに鹿がいるとしたら下手に鉄砲を鳴らさないほうがいい。悩んだすえにカラスは我慢して先に進むことにした。

天塩岳ヒュッテ

期待の鹿には会えないまま、天塩岳ヒュッテへの立派な林道に入った。デポのときにドライブで経験済みの道だ。鹿に出会いそうな雰囲気はまだあるが、タイヤ痕は新しくやや期待薄という感じである。と思って歩くスピードを上げたら、林道が天塩川に近づいて開けたところで、河原に鹿の親子が三頭立っていた。母鹿が私と同時に息を呑んだのがわかった。つぎの瞬間、弾けるように三頭の親子が跳ぶ。母、一歳、〇歳だ。天を仰いだ。慎重に歩いていれば獲れたかもしれない。

雲が黒くなった。と思ったら雪が降ってきた。粒が大きくはっきりした霰《あられ》だ。ナツの背に霰が積もる。

天塩岳ヒュッテの周辺では銃猟が禁止されている。銃にカバーをかけ、小屋へいそぐ。小屋が近づくに連れ、鹿よりもデポがあるかどうかのほうが心配になってきた。

デポ設置前に、小屋を管理している自治体に連絡して許可を取ってあった。天塩岳ヒュッテのような地元の山岳会と自治体が共同で管理している小屋はとても友好的で、デポ設置者の責任で小屋に食料をデポさせてもらうことを拒否しない。一方で自治体だけで管理する小屋は、登山文化への理解が低く、お役所対応のことが多い。日本の登山者はまさかデポを食べてしまうことはないと思うが、アジアからの観光客（宗谷岬にたくさんいた）がデポという登山文化を理解せず、持って行ってしまうのが心配だった。

小屋の駐車場には車が一台もなかった。ザックを下ろし、急いで小屋にはいり、用具入れを開けた。私のデポがひと月前に入れたままの状態でそこにあった。

Ⅱ　中盤戦

二〇一九年一〇月一七日～一〇月三〇日
天塩岳ヒュッテ～山小屋芽室岳　一九三キロ

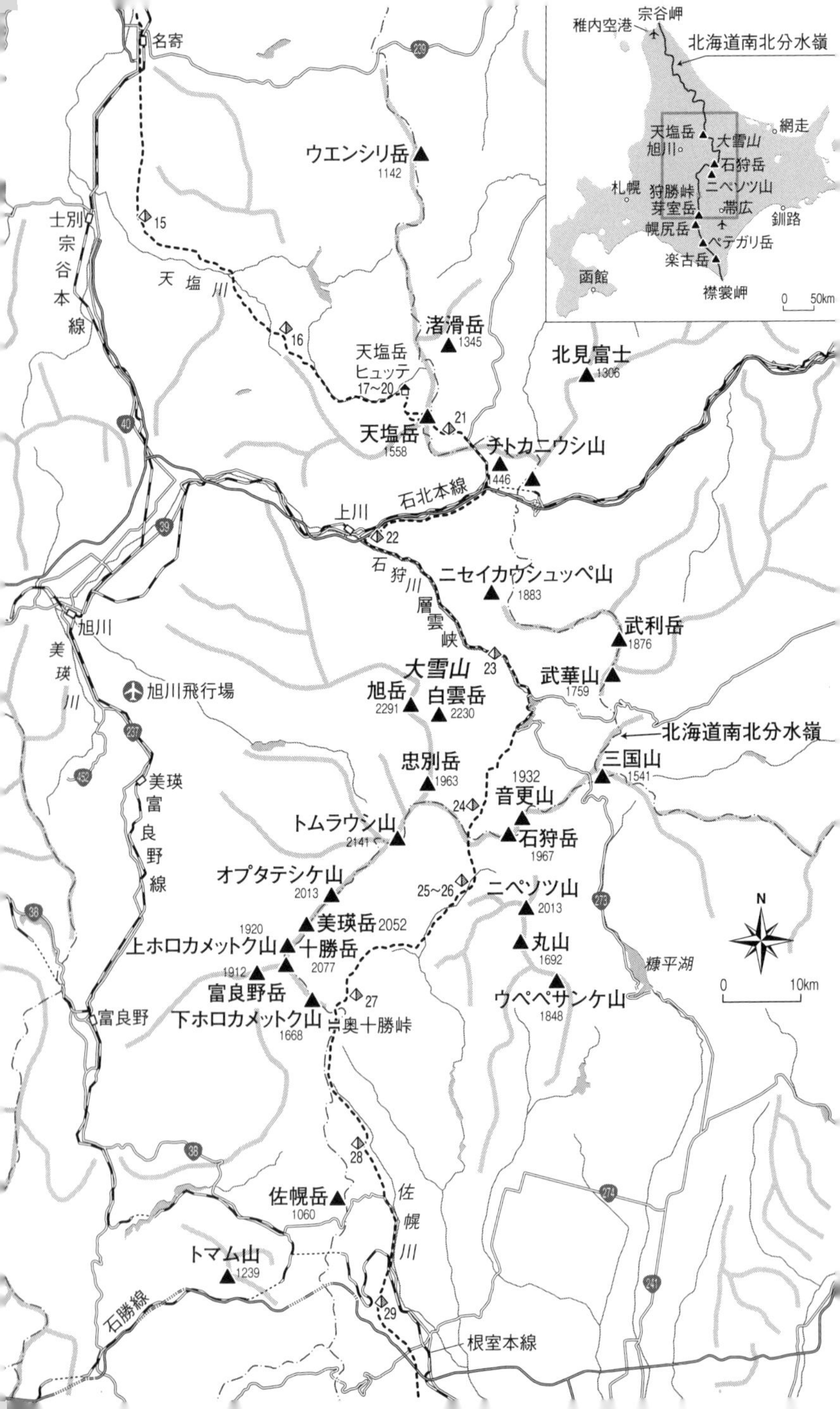

名寄
士別
宗谷本線
天塩川
ウエンシリ岳
1142
渚滑岳
1345
天塩岳ヒュッテ
17～20
天塩岳
1558
北見富士
1306
チトカニウシ山
446
石北本線
上川
石狩川層雲峡
ニセイカウシュッペ山
1883
武利岳
1876
武華山
1759
大雪山
旭岳
2291
白雲岳
2230
旭川
美瑛川
旭川飛行場
美瑛
富良野線
北海道南北分水嶺
三国山
1541
忠別岳
1963
1932
音更山
石狩岳
1967
トムラウシ山
2141
オプタテシケ山
2013
ニペソツ山
2013
美瑛岳
2052
1920
上ホロカメットク山
十勝岳
2077
丸山
1692
糠平湖
1912
富良野岳
下ホロカメットク山
1668
奥十勝峠
ウペペサンケ山
1848
富良野
佐幌岳
1060
佐幌川
トマム山
1239
石勝線
根室本線
15
16
21
22
23
24
25～26
27
28
29
N
0
10km
宗谷岬
稚内空港
北海道南北分水嶺
網走
天塩岳
旭川
大雪山
石狩岳
札幌
狩勝峠
ニペソツ山
芽室岳
帯広
釧路
幌尻岳
ペテガリ岳
楽古岳
函館
襟裳岬
0
50km

大雪山系を越えて

デポ回収

安堵とともにデポを二階に運び上げた。休養のため数日滞在するので、二階に陣取らせてもらう。プラケースをぐるぐる巻きにしたガムテープをとって蓋を開ける。いちばん上にはポリンキー（スナック菓子）の「めんたいあじ」があった。デポ行の途中で思いつき、買い足して入れておいたことを完全に忘れていた。

「ありがとう四〇日前のおれ」と思いつつ、袋を開けて、ポリンキーのCMソングを頭の中で歌いながらを口に放り込む。人工的なアミノ酸が妙に旨い。二、三口食べて荷物の整理をはじめるつもりだったが、気がついたら一袋ぜんぶ食べていた。空の袋で我に返り、自分がすこし怖くなる。

ナッツは解放したまま、ザックを二階に上げる。天塩岳ヒュッテは一階と二階にそれぞれ薪ストーブが設置されている。薪も一抱え運び込む。

薪ストーブに火を熾《おこ》し、とりあえずチャイを淹れ、地元横浜大倉山の和菓子屋「青柳」の高級羊羹を開ける。小豆系の和菓子はナツも大好きなので、ナツにも二切れやる。お湯を沸かし、デポに入れてあったパスタを茹で、ペペロンチーノソースをかけて食べる。朝日町でおじさんにもらったネギを刻み、デポしておいた味噌と混ぜてネギ味噌を作り、おじさんにもらったダイコンをスライスしてネギ味噌で食べる。結局このダイコンがいちばん旨い。旨すぎる。

デポしてあった地図を開き、ざっとこの先を確認。地図をデポしておくのは、デポを荒らされる可能性を考えると、旅の成否を左右するギャンブルになる。そもそも全行程の地図を持っていないというのは、気持ちが落ち着かない。一方で、地図を回収する気分は、子どものころ憧れた、財宝の隠し場所が記された「宝の地図」を手に入れたようだ。

昼寝もしたいところだが、それ以上に鹿を一つ獲っておきたい。一息ついてから銃を持ち本気モードで出発。ナツも雰囲気を察している。

小屋周辺は安全対策で銃猟が禁止なので、かなり戻らなくてはならない。アシは出ているが新しくない。ナツの反応も悪い。と思ったら湿地帯に「たった今です」という感じのアシが続いていた。ナツが身を屈めるように匂いをとってリードを強く引く。私も慎重に歩みを進めて行く。

ナツは匂いを失ったようだ。だが河原は河岸段丘になっていて、疎林の草原が広がっていた。いかにも鹿が着いていそうである。私は銃を軽く構えたまま、忍者ごっこのように歩いていく。いそうな気配がする。対岸の倒木が鹿に見える。その太い枝がすこし動いた。

！

鹿がこちらを見て目をむいていた。

撃鉄を上げながら、流れるように銃を構え、ぴたりと照準が決まった。そのまま引き金を落とす。銃声とともに鹿が倒れる。ナッがリードを引いて吠える。対岸の鹿は立っていたところに倒れて、脚をばたつかせていた。追跡から発見、射撃までの流れが、納得の手応えだった。

ナッを放し、私も対岸へ。膝ほどの水深だが、ナッは果敢に泳ぐ。私も濡れることを躊躇している場合ではない。そこそこ大きな雌だった。朝、雄鹿と三頭の親子を獲り逃がした流れの先にある獲物である。あれでほどよく肩の力が抜けていた。出会いと禍福の妙。血抜きの止め刺しをして、動かなくなった鹿の胸を開ける。脂が厚い層になっている。

ザックを担いでこなかったので、シャツを脱いで胸肉と背ロースを包み、後脚をリードで縛って肩にぶら下げる。運べない部位は明日処理するしかない。ゆっくりゆっくり小屋への道をナッと戻った。

完全休養日の目論み

小屋での平和な朝。薄暗い五時には、いつもと同じく起き出して、チャイを淹れる。今日はなにもしないのがするべきこと、というはじめての完全休養日である。とはいっても風呂と洗濯と食料計画の見直しと、ルートの詳細検討などやることはいろいろある。

昨夜、登山者が車でやってきて一階に入った。ナツが吠えてしまったので、二階の踊り場から挨拶だけして、すぐにシュラフに戻ったが、耳に入ってきた話し声から、元気なおばさんと寡黙なおじさんの夫婦と見積もっていた。

デポと鹿肉以外に、この天塩岳ヒュッテでぜひとも手に入れたいものが二つあった。ひとつは筆記用具の予備。これは、ゴミ同然のちびたエンピツを見つけることができた。もうひとつがこの旅五日目に失くしたことが発覚したコンパスである。避難小屋にはときどき、忘れ物の古いコンパスが置いてあったりする。ここでもあちこち探したのだがコンパスはなかった。もうひとつ考えられる調達法が、登山者に借りることだった。もし登山者に会ったら事情を話してすぐにでもコンパスを借りようと考えていたが、ここまでの道中は、登山者には一人も会わなかった。いま出発準備をしている彼らを最後に、この先ももう登山者に会えないかもしれない。貸してくれるかどうかは交渉次第。いまどきの中高年登山者がコンパスなど持っていない可能性もある。

二人の登山者は朝早く出発して行った。私は、昨晩作った鹿の胸肉味噌煮込みに、釜揚げウドン（乾麺）を入れて食べ、お湯を沸かし、バケツで洗濯した。靴も昨日の徒渉でぐっしょり濡れているので、洗濯物といっしょに外に干す。空は快晴で日が差している。

洗濯が終わったら、もう一度たっぷりお湯を沸かし、お風呂。お風呂と言っても、タオルで体を拭いて、頭を洗うだけ。あまったお湯を沸かしなおして、足湯にしてみた。気持ちよくて、足をお湯から出せない。

昼食はデポしておいたパスタを茹でる。デポ回収直後くらい変わったものを食べないとやってられないのではないかと不安になり、急遽デポ品に加えたものだ。羊羹と干しプルーン、ウドンも同じく休養日用である。

昼過ぎ、秋の太陽は尾根の向こう側に行ってしまった。洗濯物と靴を回収して、ストーブの近くに干す。山頂にむかった二人が、気がつかないうちに帰ってしまわないように、外をつねに気にしておく。

鈴を鳴らしながら二人が降りてきた。ナツを繋いで外に出て、声をかけた。

二人は中高年夫婦ではなく、若いカップルだった。おばさんかと思った女性はかなり美人のお嬢さん。男性のほうは山慣れたお兄さん。カップル未満の微妙な時期と推測した。

山の状況から会話をはじめたが、駐車場に車がないのに私が小屋にいた謎が呼び水になって、私の旅のスタイルで話が膨らんでいった。

「そんなに長い旅の食料を背負えるんですか」と聞いてほしかった質問をお兄さんがしてくれる。

「獲物を獲ったり、キノコを拾ったりするんですよ」

「ああ、そういえば食料調達をしながら山に登る人がいましたね。あれと同じだ」とお兄さん。その知識があるのに、なぜもう一歩、踏み込んでくれないのだ。

「たぶんそれ、おれのことじゃないかな……」

「え？」とお兄さんの動きが止まった。そして「あ」と指差した。「なんだっけ？　名前、なんだけ？」

「はっと……」という私の言葉にお兄さんがかぶせて叫んだ。

「ハットリブンショウ！　ああ、あの有名な服部文祥さんだぁ。うわああ」

そこまで驚かなくてもいいと思うのだが「この人すごい有名な人で……」とお嬢さんに説明している。衝撃が落ち着いたところで「じつは、変なことをひとつお願いしたくて……」とコンパスのことを切り出した。

事情を説明したら「私のでよかったらお貸しします」とお嬢さんがうれしそうに、ザックの雨蓋からコンパスを出してくれた。

だがそのコンパスはキラキラの新品だった。

「これはちょっと、悪いなあ……」

「僕のは汚いけど……」とお兄さんが出してくれた使い込んだコンパスを借りることにした。

「帰ったらかならず新品を返します。無事帰れるかはともかく」

「いやいやあげますよ、気にしないでください」

「じつは恥ついでにもうひとつお願いが」といって、ここまでの地図を入れたレターパック（切手付き封筒。デポしていた）を「投函してもらえますか」とお兄さんに渡した。

「おやすい御用です」

「鹿肉も売るほどあるから持って帰って」と言って、モモの大きなブロックをひとつずつ、お土産に渡した。

天塩岳の登山者

一〇月一九日、完全休養日二日目。黎明に起きるがやることはない。薪ストーブに薪を入れ、チャイの鍋に何度目かわからない水増しをする。記録を取ろうとペンを手にし、地図の余白に「記録をとろうとするも書くことがない」とそのまま書いた。雑肉の塊をナツにやる。ナツは鼻面で土をかけるような仕草をして、隠そうとしている。腹が減っていないのだろう。座布団では生肉を入れた鍋を隠せないことを悟り、仕方なく食べはじめた。

肉が豊富にあるとき、ナツはよくオナラをする。私もする。匂いも似ている（すごくくさい）。夜、私の横で寝ているナツが、私の顔の近くでオナラをすることもある。人のように「ぷっ」と音がするときもある。ナツがオナラをしたことがわかったときには、「くせえんだよ」と声をかける。変な顔をしているので、おそらく言われていることがわかっているようだ。固体や液体の排泄は生活圏内でしてはいけないが、気体は構わない、という常識が種を越えて共通なのは興味深い。

昨晩、四人の登山者がそれぞれの車で小屋に集まってきた。最初に着いて車から降りた女性にナツが唸り声を上げたため、その女性はヒグマが小屋を占拠していると勘違いして、あわてて車に逃げ戻り、仲間が到着するまで車の中で過ごしていた（私はその事情を知らなかった）。何人か集まったところで一声挨拶に行くと、札幌に本拠地がある山岳会の面々で、数年前に札幌で開催された私のトークイベントに参加した人がいて、私の素性はひと目でバレた。夕食をいっしょにどうですかと誘われ、熟睡タイムで眠かったが、ナツといっしょに一階に降りた。

ボルシチと酒のつまみが並んでいた。どちらもここ二〇日間食べていない味なので嬉しい。がつがつ早食いしないように、かなり気をつけた。

このときも、ナツがオナラをしてすごい匂いが部屋に充満した。たぶん四人は、私がオナラをしたと思ったはずだ。というのも私もしたいオナラを耐えていたからだ。私は我慢したのにまったく意味がなかったことになる。

私はこれまでの道のりとこれからの予定を簡単に話し、北海道の国有林問題について聞いてみた。

「北海道は森林管理署が威張っているうえにうるさいんですよね」と地元の登山者も顔をしかめた。

「やっぱ、そうなんだ」

「今回の山行もいちおう、入林届け出してあるんですよ。登山の場合は出さなくてもいいんだけど」

宗谷丘陵周辺は登山など世の中に存在しないかのような空気だったが、朝日町あたりから雰囲気が変わり、天塩岳ヒュッテは登山文化の圏内だった。登山者と話ができて、自分の気持ちがほぐれて行くのがわかった。

そんな彼らも、先ほど、薄暗いうちに天塩岳へ出発していった。

ふと、あと四日で五〇歳になることに気がついた。記録することがあった。「こんなことをやるのももう最後だろう。がんばって歩こう」と地図に書いた。「ほんとうにやりたいことをやってい、といわれたらなにをするだろうか、と考える」とここ数日間、アスファルトの上を歩きながら考えていたことを地図に書いた。

リードで繋がっていない犬と散歩（旅）をすること？　狩猟？　生きること？　と、これも地図に書く。笑ってしまった。今やっていることである。ただ、まったくリードを繋がないで犬と旅ができる環境を頭の中で探してみるが、日本にはほぼなかった。

時計を見ると三〇分しか潰せていなかった。デポしておいた高級レトルトキーマカレーと鹿肉の煮込みをあわせて朝食にする。期待したほどは旨くない。ナツにも味のついていない鹿の茹で肉をやる。がつがつ食べている。鹿の舌を持ってきて、半分をスライスして、スパイスソルトを振りかけ、薪ストーブに載せたフライパンに鹿脂を溶かし、その上に広げる。ストレッチしながらそれを食べる。うまい。あまりに旨いので、残りの舌も切ってフライパンに載せる。裁縫道具を出して、靴下のほつれを縫う。使い古した靴下を履いてきたことを、旅の三日目くらいからずっと後悔してきた。

昼飯には「鹿ハツオッパイダイコン葉炒め」をデポしておいたラーメンに載せて食べる。ナツも味なしオッパイハッツ炒めをがつがつ食べた。装備とデポを整理しなおし、天塩岳に登っている四人に、食料の余剰分を持って帰ってもらうべく分けておく。

米や砂糖の量は悩ましいがギリギリにした。頭の中で♪怖くなーい、わーけなーい、でも止まんない♪　というラッドウィンプスの唄（子どものコーラス）が流れている。

♪行けと言う♪　ジャン！

膝が痛くなければな……。

下り坂の天気のなか、一三時に下りて来た四人に、鹿スープとチャイをふるまう。デポの余剰分を持って帰ってもらうためのささやかな戦略。エゾ鹿の脂身スープをすすりながらの楽しいひとときの私がこの先でなにか大きなミスをして行方不明になったり、死んだりしたら、この人たちは寝覚めが悪いだろうなあと、つい考えてしまう。

四人が帰ったあと、一五時から雨が降り出した。朝日町で聞いた長期予報より一日早い。

翌朝、五時に起きたが、雨はまだ降っていた。天気が回復していたら出発するつもりで緊張していたのに損した気分である。念のため、出発の準備をしつつ、鹿煮込みパスタの朝食。

天気はダメそうなので、出発は見合わせた。いつもなら辛いことが先延ばしになって、すこしホッとするところだが、今はどんどん冬になるので不安のほうが強い。

八時に若者二人が車でやってきた。挨拶に出ると「予報では午後からよくなるみたいなので登ってきます」と言う。間に合わせの装備で、ちょっと頼りなさそうだ。駐車場に車がないことに気がつき「どうやってきたんですか」という質問がここでも出た。

「歩き旅をしているんです」というと、それまで黙っていた大きいほうの若者が突然「はっはっはっは」と笑った。どんだけヒマなんだ？　という笑いのようだ。

結局、天気は回復せず、若者たちは登頂せずに帰ってきた。夕方、米を炊きながらストレッチ。よしやるぞ、という思いと、ほんとうはもうやめたい、という思いが波のように行ったり来たりしている。もしかしたら、このような日常にない感覚、自分との駆け引きがこの手の旅の面白さなのかもしれない。

歯を磨いて寝る……しかやることがない。

廃道

一〇月二一日。まだ薄暗いうちに、デポ回収で重くなった荷物を背負って、天塩岳へ登りはじめた。中盤戦の始まりである。天塩岳から日高山脈の入口である山小屋芽室岳への大雪山系越えを、全行程を三分割した「中」と考えていた。

この中盤はライン取りが難しく、計画段階で悩んだところでもある。その悩みはいまも続き、まだ頭の中はモヤモヤしている。そもそも、デポを回収した直後に重い荷物で山越えというのは効率が悪い。計画段階で「なんとかなんだろ」と考えた自分を、今、恨んでいる。

背中の荷物を呪いつつ、天塩岳へ。ふと今日が、次男の誕生日であったことを思い出した。上部はハイマツと砂礫の開放的な空間が広がっている。ハイマツを縫うように続く登山道にところどころ膝下くらいまで雪が積もっている。

山頂で写真を撮り、いよいよ逆側へ下る。コンパスを貸してくれたカップルに予定を話したとき、これから下りようとしている天塩岳の渚滑川《しょこつがわ》ルートは「完全廃道になったんじゃなかったっけ？」と女性が聞き捨てならないことを言った。詳しく聞こうとする私をさえぎって、お兄さんが「ハットリさんは道なき道を行く人だから」と言い、その先は聞けなかった。

渚滑川ルートの入口はハイマツに続く細い踏み跡だった。下って行くと道はしだいに細くなり、ときおりわからなくなった。悪い予感的中である。ナツもハイマツにハーネスを引っ掛けて苦労している。猟をしないときは、ちょっと離れてもどこにいるかわかるようにナツには鈴を付けてある。

尾根上はなんとかなったが、道が南へ斜面を下り出して、完全に踏み跡を失ってしまった。借りたばかりのコンパスを出して、方向を定め、笹藪の中に突入する。左へトラバースして、頃合いを見て、真下に方向を変えた。廃道はトラバースしていると思われるので、こうすればそのうち道型に乗れるかもしれない。ダメだったら沢まで下りよう、と思っていたところで踏み跡に出た。道に出たことより、自分の判断が冴えていることが嬉しい。重い荷物でもちゃんと登山ができている。藪の中で鳴っている鈴に声をかけると、ナツも道に出てきた。少しずつ太くなる踏み跡を辿り、ちょっと早いが、車道に出る前に泊まることにする。周辺には鹿のアシが多いが、肉はまだたくさんある。

国道の誘惑

計画段階では、使わないと決めていた浮島トンネルに入ってしまった。長さが三キロ以上あるトンネルである。ときおり抜けて行く車のエンジン音が反響して爆音になり、耳が痛い。狩猟をはじめてから街の騒音が耳につくようになり、一〇年ほど前から、日ごろ、街では耳栓をするようになった。その耳栓を今回忘れてきたのが悔やまれた。ナツを見ていると車が通り抜けるときに耳を動かしている。犬には手を使わずに耳を塞ぐ技があるのかもしれない。

トンネル内で車を数えて歩いていたら、すれ違った車が一一台、追い抜いて行った車が一〇台だった。四〇分ほどのあいだにこれしか走らないトンネルに造った意味があるのだろうか。

留辺志部《るべしべ》川沿いの国道に合流して、自分の気持ちを再確認し、右（西）へ下る。当初のざっくりとした計画では、左（東）に向かって北見峠を越え、南北分水嶺の東側を南進し、大雪山系前衛の尾根を越えて、層雲峡上流に出ようと考えていた。

もともと不確定要素の多い部分であるために「ルートの決定は現場まで保留」としてあったところで、昨日、天塩岳の山頂から、越える候補にしていた尾根（峠）を見て、単純に怖じ気づいた。

そのうえ、天塩岳からの下りの廃道が追い討ちをかけた。大雪の前衛になる尾根は急峻なうえに登山道がなく、標高も天塩岳より高い。国道をいったん西に下るのは遠まわりで面白くないが、前進のスピードが計算できる。遅れている冬の到来を利用して、できれば雪が積もる前に大雪を越えてしまいたいという焦りも日ごとに強くなり、私は安全なラインをとってしまった。

轢かれないようにナツは繋ぐ。山肌から出ている湧き水を飲み、重いザックを載せられる台のようなものがあれば載せて休む。橋の石柱が休みやすい。面白みのない風景を下って行くと、人間の生活臭が増えていく。無人に見える家屋にも、ときどき、人が出入りしているようだ。家庭菜園には鹿よけの柵。家主が菜園にでていればクズ野菜をもらえるのだが、晩秋の北海道で戸外で活動している人はいない。

人里に入り、どこに泊まるかも問題になった。上川の町に近づいたところで、崩れかけた公民館があった。ガレキが積み上がった軒下を整理してスペースを作ると、道路からは見えないところにツェルトを張ることができた。なんとか残っている壁の窓にはカメムシがびっしり張り付いている。ナツはあきらかにここに滞在するのが嫌なようだ。

廃屋の隅に荷物を置き、分解した銃だけザックに入れて、上川町の中心部に向かった。スキージャンプ高梨沙羅の出身地のため、いたるところにポスターが貼ってある。上川駅前に公衆電話を見つけ、長期予報をメモする。二六日が曇りのち雨で、あとは晴れか曇りだった。

上川の町を散歩していると、町工場の側壁に絡み付いたヤマブドウをおじいさんが収穫していた。

おじいさんでは手の届かないところにたくさん実っているので、すこし収穫を手伝うと「好きなだけ持って行け」という。手伝っているときから下心はあったのだが、ありがたい。酸っぱいブドウの種をぷっぷと飛ばしながら廃屋に戻った。

誕生日の層雲峡

一〇月二三日、五〇歳の誕生日をカメムシだらけの廃屋で迎えた。悲しいようであり誇らしいようでもある。今夕はくつろげる（焚火ができる）山の中に泊まりたい。層雲峡を抜けるべく、暗いうちに歩き出した。

層雲峡への道には自転車専用道路があって、ナツを放して、ゆったり歩くことができた。誕生日だからなのか、家族のことを考えてしまう。子どもたちの顔を思い浮かべながら、みんなに会えてほんとうによかったと思う。もし私が一方的にそう考えているだけだとしたら喜びは半減だ。子どもたちにもぜひ、家族に会えてよかったと考えてもらいたい。どうすれば会えてよかったと思ってもらえるだろうかと考えて、本人たちに幸せになってもらうのがいちばんだろうと結論が出て、気がついた。ここにも幸せの連鎖が隠れていた。

子どもたちに幸せになってもらうために自分が日ごろなにをしているか……と思い起こしたら、ついつい小言を言っている自分に行き着いてしまった。親が子に小言を言う理由を五〇歳にして悟ったわけだが、その小言が「子どもの幸福」に寄与しているかは考察の必要がある。

重い荷物に毒づきながら一一時に層雲峡のロープウェイ駅に着く。大雪越え前、最後の天気予報を聞くべく、観光地図にあった公衆電話マークの場所に行ってみるが、電話は見当たらない。地元の人に声をかけると、あっちだこっちだ意見が一致しない。バスのチケット売り場のおばさんが「そこにあったけど、撤去されたわよ」と教えてくれた。

「明日明後日の天気がどうなるか知ってます?」と聞くと、スマートフォンをいじって画面を見せてくれた。画面を目に焼き付けて、お礼を言い、地図を出して昨日取ったメモの下にいま見た天気予報を書き記す。その予報では雨が二七日にずれ込んでいた。

気象台の予報と民間団体の予報は少し違う。気象台は安全のマージンをとって少し悪めの予報を出し、民間は経済効果のために少し良いほうに予報する、と私は睨んでいる。

銀河トンネルには入らず、閉鎖されている旧道へ。小川が流れている斜面の上に宿泊地の匂いがするので、あがってみると、案の定、段丘になっていた。落石の形跡があるのが気がかりだが、立ち木を防御壁のようにして泊まることにする。

ザックから荷物を出し、タープを広げ、ツェルトを立てる。そこかしこから昨晩の廃屋のカメムシが出てくる。小さい焚火を熾して、景色を眺めていると、下を流れる石狩川で、釣り人が竿を出していた。ときどき、鹿の盛り鳴きが響く。アシも多い。たわむれにこちらも笛を出して答えてみる。甲高い鹿笛の音を聞いたナツが興奮している。

層雲峡の旧道を一段あがったところで野営させてもらう

青い空に雲が流れて行く。日当りがよいので、くつろいでいると、大きな鹿が小尾根を越えて姿を現した。向こうもこっちを見てびっくりしていた。

鹿が反転し、ナッが火がついたように駆け出す……かと思ったら、タープを張っている細引きに突っ込んだ。ビッという嫌な音がして、ロープが緩み、そのままナツは鹿を追って消えた。私の目の前で破れたタープがはためいていた。

重要装備の破損や紛失は、淡い死刑宣告のようで気分が悪い。ナツを叱り飛ばしたいが、いない。小石をタープで包むように玉を造り、細引きで縛ったら、とりあえず機能を回復した。旅の終わりまで持つだろうか。

肉を調達してからだいぶ時間が経ったので、生食はやめて、塩煮込みにしてフキの芽を刻んで浮かべて夕食。

翌朝、長期予報の「雨」に急かされるように先を急ぐ。当初の計画で抜けてくるはずだった分水嶺の東側ラインと合流した。ルートを国道に変更したことで日程を一日短縮できたのではないかと思う。大雪湖の湖畔旧道を通って、石狩川の源流へ。林道工事のトラックが走っているにもかかわらず、大きな雄鹿が斜面からこちらを見下ろしていた。そろそろつぎの鹿を撃ってもいいころだ。

音更《おとふけ》橋の手前に新しい熊のアシがあり、護身用に銃を組み立てる。林道にはかすかにタイヤ痕が付いている。小川が流れる日当たりのよいところで弁当。行動日は前の晩に炊いたご飯をメンパにいれ、塩昆布をかけて弁当にしている。

できれば車が入れないところで宿泊したいが、車を嫌って奥に入るほどに標高が上がって寒くなる。一日歩けばヌプン小屋まで行ける範囲に入っているはずだ。ヌタプヤンベツ川沿いにある古い林道に入り、平坦地を見つけた。

肉の残量が気になってきたので、小さな鹿かキタキツネでも獲れたらと、ナツを繋いで銃を持ち、上流へ散歩にでた。新しいアシはあり、ナツも匂いをとっているようだが、鹿には出会わない。

大雪越え

地形図に登山道の線は引かれているが、これまでの経験から、沼ノ原への道も荒れているのだろうと予想していた。歩いてきた長い林道は夏山シーズンもバスが走らない。名の知れた山頂へは続かない道を、多くの人が歩くとは思えなかった。

林道の終点は小さな駐車場になっていた。五万図からは正確な道の位置がわからず、作業道のようなところをあがると、道型は少しずつ笹に覆われていき、ちょっと強引に進んだら、完全に道を失って、笹の密藪に囲まれていた。近くからナツの鈴の音は聞こえるが、姿は見えない。

この状況だと、描いていた青写真は全面改訂である。天気も下り坂なので、沼ノ原あたりで宿泊することになるかもしれない。稜線上での宿泊は旅全体に影響を及ぼす消耗になるかもしれないが、他の選択肢はない。気持ちを入れなおし、覚悟を決めると、なんだかほんとうの旅が始まったようで嬉しくなった。

かなり手強い藪と格闘すること小一時間、突然、立派な道に跳び出した。

あれ？

どうやら、道は別のところから続いていたらしい。

その道は古道の雰囲気を漂わせていた。私が地図から大雪山系の弱点だと気づくくらいだから、昔から歩かれていたようだ。

急がず、怠けず、黙々と高度を上げる。これなら予定どおり、ヌプン小屋まで行けそうだ。藪と格闘する覚悟を決めていたはずなのに、やっぱりうれしい。

傾斜が緩くなり、視界が広がる。大雪山系に踏み入れるのは二回目なので、どんな山があるのかもよく知らない。半分凍り付いた湿原に延びる木道を進む。遠くうっすらと雪をかぶっているのがトムラウシ山だろう。三日前に浮島トンネルでくぐった分水嶺を今度は跨ぐ。積雪に苦しめられる前に大雪山系を越え、ちょっと肩すかしを食ったような寂しさと、大きくポイントを稼いだような安堵感が同時にこみ上げてきた。

山小屋芽室岳へ

廃道

稜線の分岐からすこし石狩岳側に進んだ台地から、ヌプン小屋へ向かう道がわかれている。それは踏み跡未満のかすかな窪みでしかなく、ナツはあたりまえのように石狩岳のほうへ歩いていった。「こっちだぞ」とナツを呼び戻し、藪の中に突き進んでいく。沼ノ原山とのコルまではなんとか踏み跡があったが、コルからはいよいよ本格的な藪になった。街からヌプントムラウシ温泉への林道が三年前（二〇一六年）の豪雨で崩れ、そのままになっていることは調べてあった。その関係でこの山道もまったく使われていないことは予想していたが、予想を上まわる荒廃ぶりである。コンパスを見ながらしっちゃかメッチャカの藪を進む。この先で道があった沢に上手く入り込むには微妙なルートファインディングが必要だ。

ナツが藪の中で訴えるような甲高い声をあげた。慌てて声のほうへ向かうとハーネスに笹の密藪が絡み、身動きが取れなくなっていた。鈴もなくなっている。もし、私から離れたところで同じ状態になったら、藪に磔《はりつけ》になったまま死ぬことになりかねない。ナツのハーネスをはずすことにした。

だが、それでナツがどこにいるのか、まったくわからなくなってしまった。自分の面倒は自分で見てもらうしかない。すこし進んで、ナツを軽く呼ぶが反応はない。斜面の下のほうからガサガサと大物獣の動く気配がして、遠くでナツが吠えたような気がした。すこし耳を澄ましてから小さくナツを呼ぶ。森には静寂が広がるばかり。

しばらく待ってから、今度は大声でナツを呼んだ。ザックを下ろし、犬笛を出して吹いてみる。世界はしんと静まり、ときどき小鳥の声がするだけだった。

この旅でナツが私から遠く離れることはあまりなかったので、不安が押し寄せてきた。

「ナーツ」と叫ぶと「ぴ」と鳴き声がする。ふたたび叫ぶとまた「ぴ」と声がした。ザックを下ろし、空身でその声のほうへいってみるが、気配も反応もない。地上に巣を作る鳥が反応していたのか？　ザックに戻ろうと振り返ると、自分がザックを置いたところがわからなかった。樹の特徴を見ておいたつもりだったのだが……。

慌てて登り返し、樹に登って見当をつけ、また藪を漕ぐ。右往左往してようやくザックを発見。見つからないはずがないとは思っていたが、嫌な汗をかいてしまった。

腰を下ろして、時計を見た。猟犬が飼い主から離れずに獲物を探索することを狩猟用語で「連絡がよい」という。ナツは連絡のよい犬で、これまでの行方不明はせいぜい二〇分くらいだった。だが今はいなくなってからすでに三〇分は経っていた。さっきの藪に絡んでいた姿が思い返される。どこかで藪に挟まれギロチンになっているのかもしれない。もしくは鹿について、角で突かれてしまったのだろうか。いずれにせよ、この密藪から中型犬を見つけ出すのは不可能である。待つしかない。

ふたたび呼んで、笛を吹くが反応はない。

地図を広げ、ヌプン小屋への行程を確認する。ナツが戻らない場合、ヌプン小屋までいくべきか。ここで泊まって待つべきだろうか。何日間、待てばいいのだろう。自分が衰弱せずにあと何日待てるだろうか？

倒木の上に立ち、辺りを見まわして、喉が痛くなるほど叫んでみた。やはり反応はない。

気持ちはもう「ナツは死んだ」に傾きはじめていた。家族にどう説明すれば、納得してもらえるかまで、いつのまにか考えはじめている。何日待ったら、あきらめても許されるのか。家族をここに連れてきて、この藪を体験させれば、納得してもらえるだろうか。ハーネスが形見として手元に残ったのが、せめてもの救いかもしれない。

三たび倒木の上に立ち、ナツを呼ぶ。

かすかに物体が動く気配がした。耳を澄ましていると、なにかがガサゴソと近づいてきていた。

「ナツ」と叫ぶと、藪の合間にチラリと赤毛が見え、すぐに泥だらけのナツが、ハアハア息を切らしながら足元にやってきた。

「どこいってたんだよー、心配させんなー」と口では叱りながら撫でまわす。ナツがこちらの意を汲んでいるようすはまったくない。

空模様が怪しく、ゆっくりしている時間はなかった。コンパスで方向を定めて、ふたたび藪に突入する。標高を下げるに従い、森の樹が大きくなって笹藪が薄くなった。道がつけられていた沢と思われるところに下りると道跡があった。

ヌプン小屋

ヌプントムラウシ川に降り立って下流へ。ところどころ完全崩壊した車道は、ディストピア的な雰囲気を醸し出していた。ヌプントムラウシ温泉の間欠泉から吹き出す水蒸気がその終末期的雰囲気を増幅している。雨が降り出し、急いで崩壊した道路をいくと、台地に立つヌプン小屋がみえた。大粒の雨に追われるように駆け込んで、ザックを下ろす。

ナイスタイミングと喜んだのは数秒だった。小屋に薪ストーブがなかった。毛布やマットなど生活を快適にする物資もなにひとつない。さらに張り紙には「火気厳禁」とある。

そりゃねえだろ、とつぶやいてから、冷めた弁当を食べ、雨具を着て、小屋の外にタープを張った。河原に落ちている薪は雨で表面が濡れても、中は乾いている。タープの下で焚火を熾し、チャ

ヌプントムラウシ温泉の近くに建つヌプン小屋

半矢の鹿を追う

イを淹れ、ようやく一息ついた。

　夕方、空は暗いままだが雨が上がったので、意を決して銃を手に散歩に出た。車道がどうなっているのか、偵察を兼ねて下流側へ。ナツはやる気満々だ。

　アシは出ているが、生息数はそれほど多くないようだ。と思っていたらヌプン大橋の前で二つ跳んだ。射角が悪いのでこっちもダッシュして距離を詰める。鹿は斜面からそのまま小尾根をたどるように登っていく。立ち止まる気配はない。動体射撃になるが、引き金を落とした。銃声とともに鹿は尾根の向こうに消えてしまった。ナツを放し、斜面を登る。

　鹿がいたあたりまで登って見ると、血痕があった。ナツは傷ついていないほうの鹿に気を取られているようだ。「ナーツ」と声を掛けると、ちょうどあきらめて戻ってきたところだった。足元に来たナツに「これ」と血痕を示す。ナツの目が急に輝き、尻尾を振りながら地面の匂いをたどり出した。すこし下ったところで、顔を上げたかと思ったら、半矢の鹿が藪から跳び出した。

　ナツが吠えながらあとを追う。状況的にもう遠くに跳ばれることはない。だが私も走る。河原に下りた鹿にナツが吠えている。身動きが取れないのだろう。覗き込むと流れの中で鹿がもがき、ナツが牽制していた。一歳の子鹿だろうか。

　首にトメを撃って終了。ちょうど天塩岳の鹿肉が尽きたところだったのでナイスタイミングだ。急いで解体したが、小屋への帰路は暗くなってしまった。

二六日は雨だった。昨日の昼過ぎから降っているので、層雲峡で見たスマートフォンの天気予報ではなく、上川の公衆電話で聞いた天気予報が当たったことになる。気温は低くないので、低気圧なのだろう。休むと決めていた日に雨が降り、鹿肉もあるなんてツイている。地図を広げ、今後の行程を勘定しなおすと、あと三泊でつぎのデポ地である山小屋芽室岳に届きそうだった。もともとの計画では、このヌプン小屋に第二のデポをするつもりだった。事前調査でここまでの林道が壊れたことを知り、第二デポは山小屋芽室岳にかえた。この先は三泊分の肉があればよいので、ナツにも背ロースをやる。厚み一五センチくらいの塊をぺろりと食べてしまった。残った肉をタープの下にぶら下げて、焚火の煙を当てておく。

裁縫道具を出し、昨日の藪に切られた衣服を修繕する。二泊や三泊程度であればともかく、長期の登山では、裁縫道具は必携である。とくに針は刃物であり、自分でとうてい作り出すことができないすぐれものだ。

雨が上がった翌朝、出発。林道の三〇メートル先をナツが歩く。轍は消滅しているので、ここ数年、車は入っていないようだ。鹿に踏まれた鹿道が一本だけ林道に延びている。犬といっしょに荒野を旅するという夢見ていたとおりの状況だが、肉を欲張ったので、荷が重く、旅を楽しむ余裕はない。西側（右手）には大雪山系の山が聳えている。これから南下する林道からは、それらの山に登るための登山道が延びている。計画段階では、一つ二つ登ったほうが格好がつくかと思っていたが、いまは寄り道登山をする気はまったくない。行程のすべてが帰路、「ただいま帰宅中」である。

エゾライチョウがいたが撃たずにスルー。激しい土砂崩れで林道が埋まっているところを越え、数百メートル進んだところで、車がやって来た。森林管理署員かと思い身がまえる。

「この先、いけますか」と中から声をかけられた。

「数百メートルで大崩壊してます。登山ですか？」

「地質調査。崩壊地からヌプン小屋まで歩けます？」

「行けるけど……三時間？」と言いながら相手のお腹を見て「いや五時間くらいかな」と言い直した。ひとりが猟銃を持っている。ヒグマ対策だろうか。

曙橋を渡り、十勝川沿いの林道に入る。車が停まっていて、おじさんが山の斜面を物色し、おばさんが車の横でそれを見ていた。おばさんに挨拶して、天気予報を聞いてみた。

「今日はいいみたいだけど、明日から崩れるらしいわよ」と返ってきた。

おじさんが下りてきて「山登り？」と聞いた。

「まあ、そうです」と答えておく。

「熊があぶないだろ」と詰問口調に変わった。

「そうですね」と答えて、そそくさと立ち去る。

どこにでもいるおばさんなのだが、その口から出てくる情報は神のお告げに近い。気象衛星からの情報を専門家が分析した予報を万人が共有する通信網は、雨乞いしていた時代から考えたら魔法か神通力である。

しばらく行くと林道が激しく崩れていた。藪からまわり込むと、その先の道にはタイヤ痕がなかった。この先、新得までずっと車が入っていないのかもしれない。もしそうだとしたら、それは犬と旅する夢のような環境である。

林道の崩壊地点から二時間ほど歩いて、支流の小川が流れ込んでいるところに宿泊した。林道の落葉は静かに積もったままで、タイヤに踏まれた痕跡はまったくなかった。山向こうまでの二〇キロほど、車が入れない林道が続いていると考えてよさそうだ。平成二八年八月の北海道豪雨はデポの計画を狂わしたが、一方で、宿泊するのにコソコソ隠れなくていい荒野を作り出してくれていたようだ。

十勝川林道

秋晴れの林道をナツを放して南下する。ナツは河原に下りたり、ずっと先行したり、突然笹藪の中から現れたり、長い長い散歩を心から楽しんでいるようだ。鹿のアシはところどころ付いているが周辺に気配はない。

歩いていてふと、膝の痛みが小さいことに気がついた。旅をはじめたひと月前は、普通に歩こうとしても気がつくと左足を引きずっていたのだが、いつの間にか普通に歩いている。痛いところがあるとき、痛いところをあえて酷使する逆療法は、私の性格にあっている。これまでもよく試してきたが、その荒療治が功を奏したことはない。今回も酷使したからではなく、歩行そのものが治療になっているのではないかと思われた。人間は歩く生き物であり、荷物を持って歩くことで膝を包む筋肉が付き、身体の循環がよくなっているのではないだろうか。

緩やかな林道を登りきると台地が広がった。林道の交差点に「奥十勝峠」という道標が立っている。もし林道がなければ、残雪期しか侵入できないような樹海が広がっている。林道も一本でも間違うと下流で移動距離が一〇キロ増えてしまう。だが地図に記されていない林道もあり、記されている林道も道とは言えなくなっているものもある。ルートを慎重に見きわめ、いちばん西の佐幌川二の沢林道に入った。

左右から藪が迫り、鹿が踏む片側の轍だけがなんとか歩ける程度である。藪でトンネル状になった小道をナツは先行していて、姿は見えない。源頭部で南北分水嶺を跨ぎ、いったん南富良野町に入るが、すぐに新得町側に戻って、そのまま道は二の沢を下りていく。どこが分水嶺なのかはまったくわからなかった。

駐車場のような広場に出ると、そこに古いバイクのタイヤ痕が残っていた。道もすこし広くなり、いかにも鹿がいそうな樹相だが、ここ数時間、動くものは鳥しか見ていない。昨日の午前中に話したおばさんは、今日から天気が崩れると言っていた。いま空は真っ青である。ほんとうに天気は崩れるのだろうか。

標高が下がり、湿地帯に鹿のアシが増えてきた（姿はない）。つぎのデポまでの日数をシビアに勘定して、持ち運ぶ肉はギリギリにしてある。この先は街場に入るので、狩りにくくなることが予想される。もし、肉を補充できるなら補充してもいい……。傾斜がなくなり、道が平らでまっすぐになった。雄鹿が遠くで盛り鳴きをする。ナツがいったん身動きを止めて耳を立てる。道の先に緑色のコーンが立っている。どうやらそこが道路の崩壊地点らしい。

そこまで歩くと予想どおり林道が崩れていて、その先には新しいタイヤ痕があった。できれば、車が入って来られないところに泊まりたかったが、おばさんの雨予報も気になる。先に進めば地図にない廃屋などが出てくるかもしれない。

すこし歩くと林道が川を渡っていて、橋の下が小高い砂地になっていた。おばさんのいうとおり天気が悪くなるなら、屋根代わりの橋の下は悪くない。ただ雨が本降りになって増水したら……。

多少の増水には耐えられそうなので、思いきって橋の下で泊まることにした。タープを出さず、ツェルトだけ橋の下に立て、明日の悪天に備えてできるだけ薪を橋の下に入れた。銃を持って、林道を戻り、見晴らしのよいところで鹿笛を吹いたが反応はなかった。

新得の街場

朝起きても雨も雪も降っていなかった。空は高曇り。計画段階では、ゆっくり優雅に旅すればいいと思っていても、現場に入るとついつい先を急いでしまう。とくに今は、本格的な冬将軍がやってくるまえに、日高北部を通過してしまいたいという欲が生まれつつあった。

空のようすを気にしながら、林道を南下する。太い林道と合流したところで、大きなタイヤのピックアップトラックが前から走ってきた。私の横に停まり、薄汚れたセーターを着て、大きなレンズの遠近両用メガネをかけたおじさんが、銀歯を見せてにたりと笑った。車にはウインチがあり、鹿の後脚ばかりが四本積んであった。

「どっからきた」と声が大きい。鉄砲の撃ち過ぎで耳がやられている。

「奥十勝峠から」

「一の沢、下りて来たか？」

「二の沢の林道です」

「鹿がいたか？」

「盛り鳴きだけで、姿は見てませんね。天気がどうなるか知ってます？」

「日中は持つみたいだ」

「夜は降るんですか」

「そういってたな」

「この林道を下りていけば、新得に出ますか?」

「ああ、これをまっすぐ行けばいい。新得に行くのか」

「とりあえず今日は……」

「じゃあな」とおじさんは林道の奥に入っていった。私は鹿の最高部位は背ロースだと思うが、北海道ではモモのほうが重視されているようだ。どこかに背ロースを残した大きな鹿が転がっているのだろう。天気の移り変わりは予報より遅れている。街が近づくのに、夜、雨が降るとなると宿泊地が厄介である。

地図にない新しい広い公園ができていて、その中を歩いていたら袋小路の行き止まりだった。すこし戻って藪を漕ぎ、車道に出る。サホロ湖の横を延々と歩く。そろそろナツを繫がなくてはならなそうだ。

繫いだ瞬間は不満そうだが、すぐに受け入れて歩き出す。犬の達観は見習いたい。牛の匂いが、人の生活空間に近づいていることを知らせる。国道に出て、さらに南へ。国道の横二〇〇メートルほどにどこまでもまっすぐな遊歩道が続いている。ナツを放し、そのまっすぐな遊歩道を歩いていくと、謎が解けた。鉄道の跡らしい。それにしても気が遠くなるようなまっすぐな道である。右手に広がる牧草地に鹿の匂いが残っているようで、ナツは盛んに走りまわっている。巨大な牛舎ではカラス避けの空砲が定期的に鳴る。破裂音のたびにナツが動きを止めて、小さく唸る。ナツにとって銃声は、傷ついた鹿を追いかける合図である。

新得の街に入り、駅前で公衆電話を見つけて、一七七を押し、神のお告げを聞いた。耳の遠い鹿撃ちおじさんの情報どおり、夜はまとまった雨が降るらしい。駅の時計を見ると一一時前だった。自分の手巻き時計が二〇分ほど進んでいるので、時間を合わせ、日の当たるベンチに座ってゆっくり弁当を食べる。一一時一〇分になったのを確認して、もう一度電話ボックスに入り、メモしておいた番号を押すと、首尾よく釧路地方気象台一一時発表の長期予報が流れてきた。

今夜の雨は明日の朝まで降り、そのあとはずっと安定した天気が続くという。明日がんばって歩けば、山小屋芽室岳のデポにたどり着く。このままうまくいけば、ほんとうにつぎの好天期間中に日高北部を越えられるかもしれない。

街を離れようとしたところで、老夫婦が庭の畑で農作業していた。チャンスである。

「こんにちは」と声をかけ「クズ野菜いただけませんか？」と明るく続けた。

「あらあらあら、なにがいいのかしら」とおばさんは嬉しそうに応対してくれた。

「ダイコンとネギがあれば……。そんなに持てないので」となんとなくザックを示す。

「これなんかどうだ」とおじさんが立派なダイコンを抜いた。

「いや、商品にならないヤツで……」

ダイコンとネギをザックに入れ、礼を言ってから歩き出す。二人の家族構成や稼ぎぶちを想像せずにいられない。なぜ新得の街のはずれに一軒家を構えたのか。農家というほど広い土地ではなかった。おそらく、近くに勤め先があって、いまは引退したのだろう。昭和時代の立派な家。建てるときは二人とも若くて希望に満ちていて……。いま、子どもたちは独立して別のところに住んでいる。おそらく老夫婦が亡くなったら、家は無人になり、取り壊される。農家や畜産家ではないのに、寂れた街の一軒家を引き継ぐ者はない。

どうせ将来取り壊すなら、廊下でもいいから泊まらせてくれればなあと、「どうせ」という言葉の使い方が無理矢理であることを楽しみつつ考えた。今夜はまとまった雨が降るらしい。だが、屋根があって、火が起こせるうえに、飲料水が調達できるという三条件を満たす場所は期待できない。牧場は、敷地が大きい立派な施設と、敷地が小さい寂れた旧式に二極化している。トラクターがうまく入り込めずに集約できないところが寂れているのだ。

山間地に入る直前に、放棄牧草地があり納屋が崩れかけてなんとか建っていた。そこで夜を過ごさせてもらうことにした。とりあえずザックを下ろし、老夫婦にもらったダイコンを生で齧る。旨くてそのまま一五センチほど食べてしまった。

デポという不確定要素

雨なんか降らないじゃんと思いながらシュラフに入ったが、夜中にバラバラと激しい雨が納屋の屋根を叩いた。朝には雨が上がり、濡れた林道を辿って丘を越え、一つ南の清水町に入る。市街地の西をかすめるように南進。今日中になんとか、山小屋芽室岳のデポに着きたい。

遠目に見える日高の山並みにまだ雪は見えない。ほんとうに積雪前に日高北部を越えることができるかもしれない。

山小屋芽室岳のデポはそもそもヌプン小屋に置く予定だった。ヌプン小屋への林道が豪雨で壊れ、デポ設置は丸一日行程になるとの情報を得て、登山口近くにある山小屋芽室岳にデポ地を変更した。デポ設置許可を得ようと小屋を管理する清水町の役場に電話すると、平成二八年北海道豪雨の被害を受けて壊れているので使用禁止の一点張りだった。壊れて誰も使えないならそれこそ、自己責任でデポを置くのは自由だろうと判断し、九月の頭にデポを置きに行った。小屋までの道は荒れ果てて車は入れず、小屋はドアがはずれて、土砂が入り込み、ガラス窓がぜんぶ割れていた。土砂を掘ってデポのプラケースを置き、上に石を積み上げておいた。キタキツネは手を出せないと思うが、熊に見つかったら、ひとたまりもない。

角幡（唯介）君の極夜行は、デポが白熊に荒らされていることが発覚してから、がぜん面白くなっていった。連れている犬まで食べるかという窮地に追い込まれるのだ。

その報告を読んだとき「デポを回収できない事態を想定して食料計画を立てておけよ」と思い、角幡君にも直接そう言ったのだが、実際に長期の旅をやってみると、デポを回収できないことを想定したら、デポの意味はないことがわかった。デポが回収できなくても旅が成り立つなら、最初からデポがなくてもいいいからだ。

もし山小屋芽室岳のデポがなかったら、角幡的に面白いことになると思った。そうなったらとりあえず、鹿を撃ちながら、ペテカリ山荘にある第三のデポに急ぐことになるだろう。だが、山小屋芽室岳周辺は保護区になっていて鹿猟はできない。未来の鹿を期待して乏しい食料で先に突っ込むリスクをとるか、やっぱり旅を終わりにして逃げ帰るべきか。

清水の街を離れて小屋への林道を登る。長期予報とは違い、空には重い雲が広がっている。道は五〇日ほど前のデポ設置で体験済みだが、その同じ道を歩く自分の状況がまったく違う。五〇日前に半信半疑でデポしていた自分に、ほんとうに計画を実行に移し、実際に半分以上を歩いて、ここに来たぞ、と声をかけたい。

小屋へ続く廃道に入る。パラパラと雨が降ってきた。鹿が藪の中で動く音が聞こえ、ナツが走っていく。デポはあるのか。荒らされずにあってほしいのか、荒らされていてほしいのか、自分の本心がよくわからない。小屋が見える。自分の願望をはっきりさせてから、中を覗こうと決めた。

おそらくデポがなくなっていても、がんばって先に行くだろう。ほんとうのサバイバルが始まって、経験としては面白いかもしれない。だが、やっぱりデポには無事であってほしい。

壊れたドアをどかして中を覗くと、デポの上に乗せた石は、設置した状態のまま積み上がっていた。小さく拳を握りしめ、ザックを下ろし、まずは天塩岳ヒュッテでも食べたスナック菓子のポリンキーを求め、石をどかして蓋を開けた。だがポリンキーは入っていなかった。

三日くらい前からずっとポリンキーのことを考えていたのだが、蓋を開けて中を見て、スナック菓子が天塩デポのスペシャルメニューだったことを思い出した。自分自身に期待して自分自身に騙された自分自身のばかさ加減にがっくりくる。

土砂で傾いた薪ストーブに火を熾し、水を汲んで、沸かす。豪雨被害で流木はいくらでもある。小屋に入り込んだ土砂を均《なら》して、ツェルトを立てる。パスタを茹で、バジルソースをかけて食べた。ヌプン小屋から山小屋芽室岳までの日数をシビアに計算して持つ肉の量を決めたので、ナツの餌が残り少ない。たくさん茹でたパスタにクリープ（ミルクパウダー）をかけてやったら、旨そうに食べた。

外は小雨だが、鹿の気配がしたのか、ナツが走って出て行った。好天期が来るという長期予報はなんだったのだろう。ときどき小屋を出て西の稜線をみるが、雲の流れは西高東低の気圧配置に見える。昨夜の雨の低気圧が東に居座っているのだろうか。デポに着いたらゆっくり休んで、たくさん食べるというのが基本計画だったが、本格的な冬が来る前に日高山脈に入れた今、このまま休まずに北部を越えてしまいたいという欲が出ていた。

Ⅲ　後半戦

二〇一九年一〇月三一日〜一一月二五日
山小屋芽室岳〜幌尻岳〜ペテカリ山荘〜楽古山荘〜襟裳岬〜帯広空港
移動距離　三七五キロ

佐幌岳
1060
狩勝峠
佐幌川
十勝川
トマム山
1239
新得
清水
日勝峠
高峠
山小屋芽室岳
(廃屋)
30
31
根室本線
芽室
帯広
幕別
芽室岳
1754
剣山
1205
チロロ岳
1880
北海道南北分水嶺
32・33
糠平山
1350
ピパイロ岳
1916
日
帯広岳
1089
帯広空港
猿別川
戸蔦別岳
1959
幌尻岳
2052
34・35
エサオマントッタベツ岳
1902
新冠ポロシリ山荘
別山
高
55
更別
イドンナップ岳
1752
36
1979
カムイエクウチカウシ山
ヤオロマップ岳
1794
ペテガリ岳
1736
山
54
大樹
ペテガリ山荘
37・38・39・40・41
ピリガイ山
1167
神威岳
1600
脈
歴舟川
豊似
ピリカヌプリ
1631
豊似川
42
楽古岳
1471
53
広尾
43
元浦川
日高幌別川
楽古山荘
44・45・46・47・48
51・52
豊似岳
1105
49・50
幌満
えりも
えりも岬
襟裳岬
N
0
10km
274
38
336
236
235
宗谷岬
稚内空港
北海道南北分水嶺
宗谷丘陵
網走
天塩岳
大雪山
旭川
石狩岳
ニペソツ山
札幌
狩勝峠
芽室岳
帯広
幌尻岳
釧路
ペテガリ岳
楽古岳
函館
襟裳岬
0
50km

ナツを待つ

旅の核心部へ

朝になっても暗い雲が稜線を覆っていた。新得駅前の公衆電話で聞いた、好天期が続くという長期予報は、もはや予報ではなく、私の祈りになっていた。本格的な降雪が日高北部の稜線を覆い尽くす前に、幌尻岳を越えられれば、襟裳岬到達はかなり現実味を帯びてくる。せっかくここまで来たんだから、大きな目標を達成して、旅をきっちり締めくくりたい。

まずここから主稜線を越えて西側に出て一泊。そしてチロロの尾根を越えて戸蔦別《とったべつ》岳の麓に出て二泊目。そこから主稜線にもう一度登り返して縦走し、幌尻岳を越えて新冠ポロシリ山荘。毎日ひとつずつ稜線を越えれば、二泊三日で新冠ポロシリ山荘に入れる。さらにそこからペテカリ山荘までも二泊。ペテカリ山荘にはつぎのデポがある。途中の新冠ポロシリ山荘ではニジマスをたっぷり調達できるはずなので、予備を含めて七日分の食料があればなんとかなりそうだ。デポの一部をここに残して、先を急ぐか……。

もし、すべての食料を持って山越えに挑み、重い荷物で移動速度が落ちて積雪につかまれば、最悪、幌尻岳を越えられず、里からぐるっとまわり込まなくてはならない可能性もある。晩秋の長期登山で冬将軍と競走するのは危険だが、ここまで積み上げて手にしたチャンスを逃がしたくない。ここがギャンブルどきである気がした。

じつはここまでで自分の食料計画がやや甘く、ちょっとひもじいと感じていた。そのうえで、ここに一週間分の食料を置いていくということは、最終的な旅の日数が完全に短くなることになる。ペテカリ山荘にデポしてある食料は食い延ばしても一五日分だ。

それでも後ろ髪を引かれる思いを断ち切って、デポの半分を残し、出発することにした。

「二時間くらい歩いて、天気が好転しなかったら、戻ってくればいい」

そうだ、食料を残しておけば、やばくなったら帰ってきて、仕切り直すこともできる。

芽室岳へは登山道がある。だが、二〇一六年の大豪雨で小屋が半壊して以降、整備されていない。ナツは笹のトンネルのような道を駆け上っていくが、私はそうはいかない。藪漕ぎの合間に、晴れそうにない空を見て、下に目を向ける。

「晴れなかったら戻るつもりがほんとうにあるのか？」

一週間分の食料を追加した荷を背負って稼いだ標高を、捨てることができるのかと自分に問う。

「猟銃と食料をデポして小屋に戻るという手があるだろ」と自分に提案する。「銃のデポは違反だし、食料はヒグマに取られる可能性がある」と反論。デポして心配事を増やすなら、背負って下りたほうがましだ。

笹が繁茂した地帯を抜け、灌木帯になり歩きやすくなった。もう稜線を越えて西側の渓に下りる覚悟は決まっていた。樹林はカンバ系の疎林になり、風が強い。稜線近くのハイマツは、風と霧で霧氷に覆われていた。

コルに荷物を置いて、芽室岳の山頂へ。二〇〇三年夏の日高全山縦断サバイバル時に踏まなかったことがずっと引っかかっていたピークだ。

コルに戻り、ナツのハーネスをはずして、霧氷に覆われたハイマツの密藪に突入する。シリアスな部分であることを犬なりに察したようで、ナツは私の足元から離れず、それでいて自分なりに工夫して、迷路のような密藪を進んでいる。

身体を振ったり、うまくハイマツに乗ったり、ぶら下がるように振り子で隣の木に移ったり。これまで身につけたあらゆる藪漕ぎテクニックを駆使して前進。吸い込まれるように右の斜面へ下り、ようやくルンゼ状の地形に出た。ナツも疲れた感じで合流し、そのまま標高を下げていく。日高北部の稜線西側は二〇〇三年にうろついたので雰囲気はわかっている。この先に移動が困難な地形はないはずだ。

パンケヌーシ川と支流九ノ沢の出合に出た。十六年前のかすかな記憶を消し去るように、三年前の大豪雨による倒木が橋を覆っている。だが、状況が変わっていても一回歩いているという安心感はゆるがない。

時間を見ながら、さらに沢を下降していく。下りすぎて、もし林道が修復されているところに出てしまったら、落ち着かない夜になる。パラパラと雨まで降り出したので、ちょっと早いが、沢沿いの傾斜が緩くなるところでタープを張った。

チロロ越え

翌日、沢沿いをさらに下降していくと、突然、きれいに修復された道にでた。取水ダムである。

この先の幌尻越え時に、夜を稜線上で迎えるのは避けたい。焚火が難しく、風も怖いからだ。稜線を長く歩かなくてはならないのが明日の北戸蔦別岳から幌尻岳である。そこを日中にこなして、無事、新冠ポロシリ山荘に入るためには、今日中にできるだけ北戸蔦別岳に近づいておかなくてはならない。崩壊した林道がずっと続いたら届かないかもと、かすかに怖れはじめていたところだった。車道の出現で旅は汚れるが、生還と成功が近づいたので、やっぱり喜んでしまう。

林道の横になぜかオコジョが死んでいた。まだ生暖かく、死後硬直が始まっていない。たった今、ここで何らかの生死をかけたドラマがあって、そこに私とナツが出現して、ドラマの勝者は獲物をあきらめて去ったようだ。ヌプン小屋で鹿を獲ってから七日、細身のオコジョに食べるところはあまりないが、とりあえず貰っておくことにする。

　パンケヌーシ川支流の二ノ沢を越えて、三股沢へ。チロロ岳周辺の地理的弱点で尾根を越えた。沢を下りると、千呂露《ちろろ》川沿いの林道もきれいに整備されていた。おそらく上流にある取水口まではこのままだろう。行動時間が読めるので、猟銃を出し、ナツを繋いで歩くことにした。

　二岐沢沿いの林道を取水口へ。ナツが斜面を見上げて動きを止めた。なにかいるのかと私も見上げるがなにも見えない。と思ったらキタキツネがちょこちょこ斜面を登っていた。道を離れて、カバーを外し、弾を装填して、狙いを定め……とやっているところでナツが吠えた。

「ばか」といいながら、構えて、撃つ。ちょうど引き金を引くときにナツが吠えながらリードを引いた。完全な失中。キツネは尾根の向こうに消えてしまった。ナツは、銃声に興奮して斜面を登りたがっている。

「なにやってんだよ」とリードを引いて小突いた。

　運ぶ重量を考えても、肉の旨味を考えても、ここでキツネが獲れたら理想的だった。ナツのせいで取り逃がした、といっても、獲物を見つけたのもナツである。ナツは私が腹を立てている理由がわからないようで困った顔をしている。

　歩調を緩めて進む。獲物の予感がする。林道の終点から登山道へ。奥でチラリと茶色いものが動いた。またキタキツネだ。すっと腰を落とすとキツネは地面のうねりの向こうに見えなくなった。こちらに歩いてきていたので、待っていれば地面の盛り上がりに姿を見せるはずだ。

ナツが前に出ようとするのでリードを強く引く。ザックを背負ったまま銃を膝に載せる。キツネは出てこない。気取《けど》られて跳ばれたか？　立ち上がってようすを見たいが、ここは我慢。バレていたらどうせもう逃げている。気取られていないほうに賭けて、待ちの一手だ。

いよいよ、あきらめようかと思ったところで、地平線の向こうから現れるように、ひょっこりキツネが姿を現した。気配を感じたのか、森に座り込んだ人間を凝視している。もしくはナツを見ているのか。そっと撃鉄を落とす。銃声と同時にうねる地形の向こうに姿を消した。当たった手応えである。

銃声に興奮したナツが盛んにリードを引く。見に行くとキツネが首に弾を受けて倒れていた。消化器官系を破かないエキノコックス対応の射撃がうまくいった。ナツは獲物がキツネであることを知ったとたんに興味を失う。同類だからなのかキツネの肉には興味を示さない。

二岐沢の河岸段丘の森に平地を見つけて泊まることにした。もうすこし標高を上げておきたい気持ちはあるが、そのぶん寒くなるので、ここでよしとする。

鹿肉はもうない。キツネ肉をナツにやるが食べない。明日はこの旅の核心とも言える幌尻越えであり、そのためにも今日は栄養をつけて、ゆっくり休む必要がある。ナツの好き嫌いに応えている場合ではない。そう思うとナツの態度に腹が立ってきて、ナツを捕まえて、無理矢理口にキツネ肉を詰め込んだ。それでもナツは食べずに走って逃げ、少し離れたところで私を見ている。

「勝手にしろ」とつぶやいて、私はキツネ肉炒めで夕食。

幌尻越え

朝からパラパラと弱い雨が降っていた。新得で聞いた長期予報はいったいなんだったのだろう。今日は停滞として、キツネチャーハンを食べる。この雨で稜線上にはどれほどの雪が積もるだろうか。キツネ肉で勃発したナツとの諍《いさか》いはまだ修復されておらず、ナツは雨だというのに少し離れたトドマツの下で丸まっている。

さらにキツネ汁雑炊を食べて、裁縫道具を出し、ズボン、手袋、靴下を修繕した。予備の靴下は新品だが、履いてきたのは使い古しだった。そのため旅をはじめて早々に穴が空き、今では修繕だらけのいびつな形になっている。長期山行の消耗品は新品をおろすべきだったと何度も考えたことをまた考えている。靴下を縫いながら、ツンドラのトナカイ遊牧民ミーシャのことを思い出した。長靴を履いていたミーシャは足にフェルトの布を巻いていた。私もフェルトの布を靴下代わりにできたら……。

昼には雨が上がり、西側の空が明るくなった。

夜は星空だった。暗いうちから起き出し、動ける程度に明るくなったら出発できるよう準備を進める。

北戸蔦別岳への登山道が廃道状態になっていないか心配だったが、そこそこ人気ルートのようで、整備されていた。沢を離れるところでザックを下ろし最初の休憩。できるだけ水を飲み、ナツにも飲むように言うが、もちろん通じない。

しばらく登ると雪が出てきて、軽いラッセルになった。鹿のアシが何本も道を横切っている。そのアシに出くわすたびにナツは匂いに乗って藪の中に入っていく。そして、しばらく進んだところで、ぜんぜん違う方向から戻ってくる。

「今日は長いからあまり遊んでんなよ」と言うが、また、アシに乗ってどこかに行ってしまった。左手の斜面で鹿が鳴き、上の斜面をナツが横切って、鹿のほうへ走っていくのが見えた。私は黙々と登山道を登る。

ちょっとした岩場を巻きあがると一八〇八メートルのヌカビラ岳だった。この先は登ってきた斜面が見えなくなるので、ナツを呼ぶ。だが姿は見えない。稜線上で夜を過ごさないために、今日はがんばらなくてはならない。遊んでいる場合じゃないのだが、犬にそれは伝わっていない。腹が減っていて鹿の匂いが気になるのかもしれない。

ザックを下ろし、犬笛を吹きながら、道をすこし戻った。ナツが申し訳なさそうな顔をして登ってきた。

主稜線に出て南へ。注意を引く匂いはないようで、ナツは雪稜を先行していく。主稜線は完全な雪山の装いだ。それほどラッセルが深くないのが救いである。山小屋芽室岳にデポしておいた手袋

北戸蔦別岳から幌尻岳への稜線

幌尻岳の山頂。ナツは足先から血を流していた

が想定どおり役立った。雪山装備は天塩岳ヒュッテにデポしておいた軽アイゼンと最初から持っているストックだけである。

天気はよいものの風が強い。戸蔦別岳を過ぎ、大きく聳える幌尻岳へ。七ツ沼カールのコルからは、標高差は三〇〇メートルのバリズボ斜面になった。ウンザリだが、それでもなんとか明るいうちに幌尻岳を越えられそうだ。

気の遠くなるバリズボ歩行のすえ、ようやく幌尻岳に着いた。ナツといっしょに記念撮影をして、すぐに下山にかかる。前を歩くナツの足跡に赤い点がついている。凍った稜線を長く歩くとどうしても犬の足は切れてしまう。だがナツが足を気にしているそぶりはない。

かつて通った記憶を辿って、どんどん標高を下げていく。明るいうちに小屋に入れる目処が立ったところで、どっと疲労が押し寄せてきた。階段状の登山道にザックを背負ったまま座り込んで、しばし目を閉じる。目を開けると、先行していたナツが戻ってきて心配そうに見上げていた。

新冠ポロシリ山荘

小屋で丸一日休むと決めていた。タンパク質を調達したいが、周辺は鹿猟禁止区域である。二年前の二〇一七年にここに来たときは、幌尻湖でニジマスをそこそこ釣ることができた。

だから毛バリを振れば今日もニジマスの刺身とウハー（潮汁）だと思っていた。だがダム湖に下りて毛バリを振っても、まったく反応がなかった。前回は一〇月の頭だった。時期が一ヵ月後になっただけでまったく生き物の気配がない。そもそも湖畔にいるだけで寒い。

狙いを獣に変え、早々に小屋に戻る。周辺は鹿猟禁止区域なので、ヒグマかキタキツネかエゾライチョウを狙いながら、鹿猟禁止区域の外に向かって散歩になる。

「また今日も歩くのか……」とうんざりしながら、林道を下りていく。鹿以外には会わず、かなり歩かされてようやく鹿可猟区にでた。ナツが林道の下を覗いて止まっているので、見ると一〇〇メートルほど下の河岸段丘に大きな雄鹿が立っていた。周辺は笹の斜面で銃を依託する樹はない。膝射にすると獲物が見えない。しかたなく立射で引き金を引いた。

手応えあり。雄鹿は反転して走った。だが、立ち止まることなく、藪の中に消えた。河岸段丘に下りて、逃げて行ったライン上に残る新しいアシを追う。やはり血を引いていた。だが、微妙な量である。

ただ、今日は狩りの日なので、時間を気にせず追える。乏しい血のりは斜面を登っていく。別の鹿を追わないようにナツはリードに繋いだままである。そのナツが、人間の私が見ても違うとわかる方向に行く。引っ張って、地面に落ちている血を「これ」と示すと「わかってますよ」という顔をしてリードを引く。アシから離れたかと思ったら、血痕が出たりするので、大まかな方向が匂いでわかっていて、手負いの雄鹿をちゃんと追っているのかもしれない。

血が多く落ちているところがあった。休んだのだ。こちらにとっては良いサインだが、休憩地の先は血痕が乏しくなる。慎重に方向を見定めて、ナツといっしょに追っていく。新しいアシと血痕が鹿道に乗り、小尾根を越えて斜面を下りた。

これも追う側にとってはよい兆候だ。力尽きつつあると斜面を下りる。

だがその先で、アシと血痕はトラバースしはじめた。血はさらに乏しくなり、よくわからなくなってきた。そして、なんとなく進んで見失ってしまった。血痕を探して周辺を見わたすと、そこに別の二頭が立っていた。親子である。銃をあげて撃つと、下の斜面に消えた。

ナツが興奮して吠える。当たった感じがしたので、ナツを放し、私も走る。だがナツは下の藪をずっとトラバースして消えてしまった。血痕もない。どうやら弾は当たっていなかったらしい。

ちょっと広くなった河原に一人残されてしまった。雄鹿を手負いにして逃げられたあげく、別の親子に乗り換えて撃ち漏らすという、二重の失態である。

日向に出て、座りやすそうな石を見つけて腰を下ろし、青い空を見上げる。幌尻越えは今日でもよかったかもしれない。そんなことを考えていると上流の藪からガサガサと音がした。ナツが走った方向とは逆だが、ナツが出てくるのだろうと思ったら、鹿だった。手負いの雄鹿ではない。子鹿である。こちらの存在に気がつかず、少し急ぐように斜面を歩いている。

撃った。撃った瞬間に走ったので見に行くと、河原に落ちてもがいていた。乗り換えた親子の鹿が逃げた方向でもない。おそらく、反響した銃声に混乱して出てきたか、さっきの親子の子で、親とは別のほうに逃げてしまったことに気がついて戻ったか。どちらにしても猟として不細工で、狩猟者として情けないが、ともかく必要な肉はこれで手に入ったことになる。
解体しているとナツが泥だらけになって戻ってきた。倒れている子鹿を見て変な顔をしている。

古道ナメワッカ沢

昨日はあまり休養にはならなかったが、晴れていたら前進すると決めていた。空は青く、日差し以外に降るものはない。幌尻湖に注ぎ込む無名の支流がひときわ低い峠に繋がっている。しかも峠の向こうのナメワッカ沢はまっすぐ南下してシュンベツ川に合流する。ダム湖ができる以前は往来に使われていた感じがする。

湖岸は切り立ったところがあるものの通過できた。無名支流は北面のため沢沿いの岩を薄い氷がびっしり覆っていた。アイゼンを履いて沢登りになる。

しばらくすると水流が途切れ、鹿のアシが交差する灌木の斜面になった。峠で朝日の中に立つ。南側は笹藪の斜面が広がっていた。峠は広い裸地になっていて、不自然に滑らかな青色の物体が目についた。手に取ると陶器のかけらだった。酒瓶の口に見える。やはりかつて人が往来していたのだ。地形図から、この先のナメワッカ沢にゴルジュがあると予想され、多少苦労させられると覚悟していたので、この酒瓶のかけらに勇気づけられた。

藪に突入し、水流が出てきて藪から解放される。軽アイゼンを履いたまま、ナメワッカ沢をガシガシ下る。沢床が広い湿地になり、鹿のアシが多い。ナツが左岸の斜面を駆け上がっていく。鹿を追ったようだ。

ザックを下ろし「ナツ待ち」。休まず歩いてきたのでちょうどよい休憩だが、できれば今日は頑張って歩き、二泊三日と見積もっているペテカリ山荘への行程を、一泊二日に短縮したい。

一〇分ほどで帰ってきたナツを、「あんまり遊ぶな」と軽く叱ってから、先に進む。いよいよ地図上のゴルジュである。左右の壁は迫ってきているが沢の中を通過できそうだ。それどころか、もしかして靴を水没させずに済むかもしれない。バランスの悪い飛び石や足首ほどの深さに足を着いて跳ぶところはあったものの、スパッツのおかげで浸水せずに、渓が開けた。シュンベツ川の本流は太い流れなので、靴を脱いで渡る。この少し先に地形図どおり林道があればもう大きな徒渉はないはずだ。

山の斜面に付けられた古い作業道を登る。脚の間をすり抜けるようにナツが前に出て、作業道をあがっていった。おそらく道は古い植林の仕事道で、われわれのめざす林道とは違う。斜面をいったんシュンベツ川の河原に降りると、狙いの林道の道型が下流方面に続いているのが見えた。かなり荒れているが歩ける程度には健在に見える。これでペテカリ山荘までラインが繋がったと考えていい。思わず拳を握りしめた。

先を急ぎたいがナツが呼んでも戻ってこない。徒渉で靴を脱いだときに、ついでに弁当も食べたばかりである。休憩している場合ではない。ナツは放っておいても、おそらく匂いを追って追いついてくるだろう。子犬のころ、鹿を追って消えたナツが私を追えずに、私と別れたところでうずくまっていたことが一度だけある。小雨が降っていたため私の匂いを失い、別れたところでしょぼくれていた。今回も、もし先に進んで追って来なかったら探しに戻ってこなくてはならない。それは大きな無駄足だ。

しかたなくザックを下ろして待っていたが、帰ってこないので時計を確認した。すでに一五分ほど経過している。ナツが私の股間を抜けていった地点が見えるところまで戻り、大声で呼んでみた。反応はない。ヌプン小屋への藪漕ぎで鈴を失くして以来、ナツには鈴をつけていない。新たな鈴を新冠ポロシリ山荘でゲットしていたが（北海道の避難小屋には熊避け鈴の忘れ物がしばしばある）、藪に絡んで失くさないように、付けていなかったのだ。広い河原に戻り、砂地に寝転がって待つ。だが、落ち着かない。地図を広げた。ペテカリ山荘までの行程を確認する。ここから明日一日で着けるだろうか。

ナツ行方不明

ナツが鹿の匂いを追って消えてから一時間が過ぎていた。一〇日ほど前にヌプン小屋への下りでナツがいなくなった四〇分が、これまでのナツ失踪の最長記録（子犬時代を除く）だったが、記録更新である。

そのうち戻ってくるだろうという思いと、なんらかの事故に遭い本格的にダメなのではないかという思いのあいだを感情が大きく揺れ動く。銃を組み立て、ナツと別れたところに登り直し、ナツが走っていった作業道を登ってみた。作業道は藪に覆われ、一筋の鹿道をなんとか歩ける程度である。ときどき立ち止まってあたりを見わたし、ナツを呼ぶが、山の規模と自分のサイズが違いすぎて、無力感でばからしくなる。

一時間三〇分。ナツと別れた地点で待っていて戻らない最長記録更新中である。ナツが死んでいる状況として考えられるのは、雄鹿にサクられた、鹿を追っていて崖から落ちた、藪に絡んで身動きが取れない（首吊り）、鹿を追っていてヒグマに出会って叩かれた、などだ。

藪に覆われた作業道をナツを呼びながら進む。カラスの姿を探し、銃声がナツの耳に届くことを期待して、引き金を引く。もし死体になっていたら、この広大な日高の森から中型犬を探し出すことなどできるわけがない。ナツが動けるなら、私が探さなくても戻ってくるだろう。藪に絡んで動けない可能性もあるが、ハーネスのストラップはその気になれば「首輪抜け」できるぎりぎりにしてある。ようするに捜索は徒労でしかない。

ザックに戻り、どうするべきか選択肢を並べる。ナツが追いついてくることを見越して、先に行くという選択は、さっきの考察で消えている。「待つ」のみである。問題はいつまで待つかだ。野田知佑さんがユーコン川を下っているときにカヌー犬のガクがキャンプ地からいなくなって翌日に戻ったという話があった気がする（平日だったろうか？）。ペテカリ山荘のデポを見越して、食料を削っているので、現実問題として待てるのはせいぜい三泊ほどだろう。それでもナツが戻ってこなければ、ペテカリ山荘に食料をとりにいって、またここに戻ってくることになる。だが、戻って来たとして、その後、いつまで待つのだ？　いつまで待てばいいのだろう？

私は「ナツは死んだ」と納得するまで何日かかるのだろう。

もう戻らないとあきらめたとき、私はどこに向かうのか？

そこまで考えて、ふと「私はいったい何のために歩いているのだ？」という自問に行き当たり、ぞわぞわと背筋が泡立つような感じがした。

ナツがいなくなっても、旅をつづけるのか？　意気消沈して帰宅するのか？

いまさらながらこの旅の根本的な目的を突きつけられた。

ナツがいない状態で一人、襟裳岬へ向かうことはイメージできなかった。そんなのは、むなしすぎる。となると私にとって計画の完遂よりナツと旅することのほうが重要ということになる。だが、この旅はナツのためにやっているのだろうか？

犬を喜ばすために長い長い散歩をしていると認めるのは抵抗があった。だが旅の明確な目的が、自分でもわからなかった。わかるのは、ナツが戻らなかったら、「ナツは死んだ」と自分が納得し、家族に言いわけが立つまでここで待って、そのあととぼとぼと帯広空港に向かうということだけだ。

帰宅後、もし家族が納得しなかったら、ここに家族を連れてくるしかない。

それをすべてやって、決着し、一段落した後、私はもう一度この旅をやり直すだろうか。

そこまで考えてまた、二度とやり直しがきかないかけがえのない時間をすごしていると気がついた。やり直せないのではなく、おそらくもう、やり直す気力が湧いてこない。

時計を見ると、ナッがいなくなってから二時間が過ぎていた。

三たび河原を上流へ歩いて、ナッを呼んだ。ザックに戻り、少し小高いところにタープを張って、ツェルトを立てた。焚火を熾《おこ》し、水を汲んできて、チャイを沸かす。時間の経過を確認する（二時間三〇分）。米を鍋に入れて水に浸ける。長期戦になる可能性があるので、焚火の屋根になるような大きな倒木を運んでくる。

できあがったチャイをすすりながら、ぐるぐるとさっきと同じことを考える。将棋の棋譜を並べなおすように順番に同じことを考えて、自分の考えを確認する。とりあえず今後三六時間は、ここで待つ。ペテカリ山荘にいつ出発するか悩むのは、そのあとで問題ない。

ナッがいなくなって三時間が過ぎた。そろそろ米を炊きはじめてもいいかもしれない。視界の右隅でチラリと茶色いものが動いた気がした。目を向けると二〇〇メートルほど上流で、小さな獣が河原の匂いを嗅いでいた。キツネ？　と思いながら立ち上がった。その獣は見慣れたナッの動きで、ハーネスの青色がチラリと見えた。ナッは私の存在に気がつかずに河原の匂いを嗅いでいる。

「ナーッ！」と叫んだ。叫んで走った。

ナッも私に気がついて、こちらに駆け出した。

ナッが生きていた。「ナーッ、ナーッ」と叫びながら走る。胸がジーンと熱くなった。

だが、あと一〇メートルというところで、ナツがぴたっと止まった。それを見て私もわれに返った。ナツは頭を低くして、こちらの出方を窺っている。長時間私と離れていたことを自分の失態として理解しているのだ。

私も怒るべきか褒めるべきか混乱した。怒れば、今後、長時間離れたあとに戻ってこなくなってしまうかもしれない。褒めれば、長時間私から離れてもいいのだと思ってしまうかもしれない。

とりあえず、短く叱って、そのあと褒めればいいかと思い、「ナツー」とやさしく声をかけながらゆっくり歩み寄った。だがナツは警戒して円を描くように私の左にまわり込む。とりあえず、付いて来いという感じでキャンプ地に戻るように歩くと、少しうしろを付いてきた。私が焚火の横に腰をおろすと、少し離れたところにナツもごろんと身を横たえ、上目遣いにこちらを見た。

チャイを一杯飲んでから立ちあがり、ぐるりとまわり込むようにナツとの距離を縮めていく。ナツは観念しているようだ。一メートルほどまで近づいてから、おもむろに首根っこを摑んで、手荒く持ち上げ、「どんだけ心配したかわかってんのかー」と怒鳴りつけた。

たった三時間の不在なのに、ちょっと涙声になってしまう。

ゴミを捨てるようにナツを放り投げたあと、すこしチャイをやった。少しでも進んでおこうかとチラリと考えたが、あきらめて、その場所に泊まることにする。

犬と山を歩く意味

できればペテカリ山荘に入りたいと思い、暗いうちから起き出して、まだ薄暗いうちから歩きはじめた。ナツの失踪にまつわる考察で受けた精神的なショックで、少し風景が変わって見える。私はどこかでナツに「名犬ラッシー」のごとく期待していた。一心同体で共に旅する相棒だと信じようとしていた。だがナツがこちらの意を汲んで期待に応えようとする気はないことが（うすうす勘づいていたものの）、昨日の事件ではっきりした。しょせん犬は犬なのだという事実にがっかりしている。

おそらくナツは、長く追いかけられる鹿（年老いたかケガでもした）に付いたのだろう。もしくは、つぎからつぎへと新しい鹿に乗り換えているうちに追跡が長くなった。どちらにせよ、旅のことや私のことは考えず、ただ自分の喜びを求めて行動しているにすぎない。群れのボスである私といっしょに移動することに喜びは感じているだろうが、そこに使命感はない。私が勝手に登山の相棒としてナツに期待をかけていただけで、その想いは一方通行で、リターンはない。いま残念に思っている私の気持ちすらナツはまったく気にしていない。

リードで繋げば、いなくなることはないが、ナツも私も歩きにくい。そもそも犬を放した状態でいっしょに旅するのが私の望みで、リードで繋がなければならないなら、こんな旅はしていない。いまはナツに鈴をつけたので鹿が散っているのか、深追いするようすはない。それとも昨日の今日で自粛しているか、朝「今日は鹿を追っていなくなるな」と言い聞かせたのを理解しているのだろうか。

肩が痛くなるまで歩いては、ザックを下ろして地図を見る。足も痛いが、ここに来て、肛門がもっと大きな問題になっていた。天塩岳ヒュッテに着く前と、層雲峡付近で、アスファルトの道を長く歩いたとき、忙しく脚を動かすためか、お尻の穴がこすれて調子が悪かった。そのあと本格的にオカズが肉ばかりになって、排便の回数が減り、排便の度に肛門が切れるという惨事が発生した。それがまた今日の長時間歩行で悪化しはじめていた。

ペテカリ山荘へ

シュンベツ川沿いの林道は廃道だった。ただ道型は残っているので歩くのに支障はない。道は山の斜面を登り、シュンベツ川はかなり下に離れて、V字渓谷になったようだ。

支流のカシコツオマナイ沢で別の林道に合流した。そこには新しいタイヤ痕が付いていた。何を目的に車が入っているのだろう。思えば七日間人影を見ていない。

「コイボク越」と書かれた古い道標がある峠を越え、シュンベツ川流域からコイボクシュシビチャリ川流域に移った。遠くに高速道路のような立派な道が見えた。凍結されたはずの日高横断道路工事が再開しているようにみえる。そんなことがあるのか。許されるのか？「まだ日高を壊し足りないのか」とエセ正義感がムクムクとわき出し、この蛮行を目撃した私は亡き者にされてしまうのではないか、などと怖れつつ近づくと、きれいなのは千石トンネル付近だけでコイボクの下流に続く日高横断道路は、ディストピア的な廃墟だった。遠目だったのできれいに見えただけである。ときどき鹿が跳び、そのたびにナツが追いかけるがすぐに戻ってきた。昨日、叱ったのが効いたのだろうか。

シュンベツ川上流部の河原からペテカリ山荘までは、一日以上二日未満だと踏んでいた。ペテカリ山荘はこれまで都合二〇泊くらいしている別荘のような馴染みの小屋である。そのうえデポもある。今日中に着ければそれにこしたことはないが、焦るとろくなことはない。表面上、慎重を装いながら、心のどこかで自分を急かしつつ歩いていた。

そのためお尻の穴の調子が悪かった。この旅をはじめた当初から、長くアスファルトを歩くと肛門の調子が悪くなり、山に入ると治るというパターンがくり返されていた。基礎疾患としてアルパインクライマーは肛門に問題を抱えていることが多い。吹雪のなかで用を足すときに、できるだけ短時間でと無理にひねり出し、大便の圧力で肛門が切れ、そのうえ雪でお尻をふく。さらに肉と米しか食べない長期の冬期サバイバル登山をくり返してきた私は、繊維質の足りない大便をひり出すことが多く、肛門に古傷を抱えていた。その古傷に新冠ポロシリ山荘滞在時の二日ぶりのウンコで、痛みが走った。

ボクサーはパンチでまぶたの傷が開き、サバイバーはウンチで肛門の傷が開く。

調子が悪い日は、幕営地に着いたら肛門をよく洗って、抗生物質入り軟膏を塗ってきたが、鹿肉中心の食事が長く続いていることもあり、肛門の調子は少しずつ悪くなっていた。触ると古傷部分が小豆サイズに腫れている感じがする。イボ痔というやつなのだろう。鏡を持っていないので、見ることができず、コンデジで接写してみた。自分で直接見ることができない身体部分というのはなんだかもどかしい。だが、考えると、見えない部分はけっこう多い。ちなみに抗生物質入り軟膏は、出発時に羽田空港で山仲間の亀田が差し入れてくれたもので、もしこれがなかったら、もっと早くに「イボ痔敗退」していた可能性もある。

一四時ごろには、東の沢ダム下に達し、なんとか明るいうちにペテカリ山荘に着けそうな見込みが立った。一時間歩き、サッシビチャリ沢川を渡ったところで雄鹿が走って止まった。ザックを下ろして銃を出す私を尻目に、ゆっくりと藪の中に消えて行った。残り二キロほどなので、そのまま銃を出して歩くことにする。この先に鹿がよくいる場所がある。

だが、笹の草原から姿を現したのはキタキツネだった。好奇心が強いキツネは、走っては立ち止まりこちらをうかがっている。立ち止まったタイミングで撃鉄を落とす。首から肺にかけて吹き飛んでしまったが、内臓を出してそのままザックに積んだ。エキノコックスが気になるものの、歩き疲れていたので、対策してパッキングする気力もなく、血がザックに流れるままだ。

薄暗くなったころにようやくペテカリ山荘に着いた。とりあえず薪ストーブに火を熾し、水を汲み、お湯を沸かし、チャイを淹れる。デポからクラッカーを出し、ストーブの上で焼き、干しプルーンを半分に切って、挟んでみた。おままごとレシピなのに、思いついて実践した自分が天才料理人に思えた。

襟裳岬を往復する

基礎疾患対策

いよいよ終盤に入った。ただ前進の前にここペテカリ山荘で休養し、ペテガリ岳に登頂すると決めていた。そのために鹿肉が必要なので、翌朝は早くから狩りに出た。

過去に小屋のすぐ側で何頭も出会ってきたが、今朝はお留守だった。一時間ほど歩かされて、遠くでようやく一頭走り、そのすぐあとにナツが地面の匂いをとって、リードを引いた（猟なので繋いである）。ナツに引かれて足早に進んで行くと、大きな雄鹿が草原に立っていた。こちらを見下ろしていて、逃げるようすはない。腰を落とし、座射でていねいに首を狙い、引き金を落とした。

やや年老いて脂が少なめだったが、できるだけ肉をとり、網脂と大腸周辺の脂も小屋に運ぶ。小屋に持ち帰った脂をさっそくフライパンにのせ、ストーブの上でじっくり炙った。ついでに舌をスライスし、マジックソルトを振りかけて、鹿の脂で揚げるように焼く。旨い。とてつもなく旨い。この「タン焼」のためだけにもう一頭獲ってもいい。

鹿の脂は、数日前からずっと考えていたイボ痔対策だった。鹿の脂を抽出し、排便前に浣腸できないかなと考えていたのである。

問題は二つあった。一つは浣腸する注射器である。ポイズンリムーバーを持っていたので、それをピストン代わりにできるものの、肛門に挿入する管が必要だった。筒状のものを探してとりあえず、ボールペンの軸を使ってみることにした。ボールペンをバラし、ポイズンリムーバーの先に嵌めてみるが、うまく合わない。加工する道具はナイフしかない。ボールペンの軸を慎重に削っては、合わせるをくり返す。なかなかうまくいかず、いま便意を催したら……と不安になる。ピッタリ嵌まっていないが、おおよそのところでよしとする。

もう一つの問題は、鹿の脂の温度だった。鹿は体温が高いため鹿脂は融解温度が高く、人間の体温では蠟のように硬くなってしまう。液状になった鹿脂は熱すぎて、肛門に注入したら、直腸を火傷してしまうのではないか。

脂も道具も揃って気が緩んだのか、便意を催してきた。食料と燃料だけではなく浣腸剤まで現地調達となれば、サバイバル登山はここに極まったと言える。急いでフライパンをストーブにかけ、脂を液状にする。ズボンもパンツも脱ぎ、傾けて脂を寄せたフライパンから、ポイズンリムーバーで脂を吸い、若いころ複雑な気持ちで眺めた「タンポン挿入法」のイラストと同じ姿勢で、ボールペンの軸を挿入し、ゆっくりとポイズンリムーバーの軸を押した。この瞬間に、もし誰かが小屋に入ってきたら私は言いわけの余地がない変態だ。

熱くないのでホッとし、そっとペン軸を抜き、括約筋をぎゅっと締めたまま、外に出て、排便した。作戦は大成功で、古傷が切れることなく、硬い便がスムーズに排出された。鹿の脂は外気温ですぐに固まり、大便は厚めの砂糖衣をまとったカリントウのようになっていた（後日キタキツネが食べた）。

いよいよ終盤戦へ

午後から雨が降りはじめた。だが肉はたんまりある。

鹿の腹皮（腹筋）と網脂を煮込み、ウドンも茹でて、ナラタケ（小屋の近くで調達）入りの鹿味噌煮込みウドンにした。異様なまでに旨い。腹皮は処理が面倒でこれまで捨ててしまうこともあったが、煮込めば最上部位であることを再認識した。「腹皮はくたくたになるまで煮込め」と地図に書いておく。

昼飯のあとに一息ついて洗濯。洗って、絞って、干していると、今後の懸案事項がとりとめもなく頭のなかに浮かんできた。

踏破型の山旅をする場合、計画段階では地図で目につく山頂を踏む意欲満々なのに、実際に旅が始まると、寄り道的な山頂に登ることはほとんどない。今回も道北の函岳や、大雪山系の石狩岳、十勝岳などは登りたいと思っていたのだが、前進を優先してすべて省いてしまった。ただペテガリ岳だけは、登りたかった。ペテガリには、ぱっと数えただけで六回は登っている。ここへ狩りにきたときに山頂に行かないと、山旅ではなくたんなる殺生の旅になってしまうから、あえて登ってきた。今回は、幌尻とペテガリを繋ぐラインの完成のために登りたかった。

登ったあとに、つぎの拠点の楽古山荘へ移動し、山荘から襟裳岬を往復し、楽古岳を越えて、帯広空港まで歩けば、いよいよこの長い旅も終わりである。と思うと、居ても立ってもいられなくなり、地図を広げて残りの日数を数えてみた。楽古岳から帯広空港までの地図は楽古山荘にデポしてあり、正確に残りの日数は勘定できなかったが、おおよそで二週間。通常の登山なら二週間は充分に長いが、いまはゴールが見えた気がする。

朝、鹿を仕留め、いつでもペテガリ岳に向けて出発できる準備は整ったが、明日（十一月八日）は休養日と決めていた。その決定を身体も知っているのか、だるい気がする。

朝はいつもと同じように起きて、チャイを淹れ、クラッカープルーンサンドを食べる。

デポの整理をすべく、並べてみるとペテカリ山荘のデポは、これまでのデポに比べて内容が貧弱でチャンポンや本格インドカレーのレトルトが入っていなかった。それを見て、デポ設置時「旅も後半になれば、心身ともに研ぎすまされてストイックになっているだろうから、自分を甘やかす必要はない」などと考えていたことを思い出した。

「ふざけんなよ」と過去の自分を毒づいてしまう。

暇にまかせて、昨日考えていたライン取りと必要な日数と食料の計算をしてみると、どうも食料が充分とは言えなかった。天塩岳ヒュッテと山小屋芽室岳に米を二キロくらいずつ置いてきたのはやはり失敗というか計算違いというか目の前の荷物の重さに負けた甘えだったようだ。だが、もしその米を持っていたらまだここに着いていない可能性だってある。そもそも食料調達のために猟銃を持っているんだろ、とも思う。だが、ここまで歩いてきた経験から、もはや炭水化物が足りなくなるのは恐怖だった。現代人は「穀物中毒である」という表現がある。すぐにエネルギーになる米や小麦を日ごろ食べているため、それなしでは生きられなくなっているということだ。私はたしかに中毒症状的に穀類を欲していた。

ペテガリ岳

一一月九日。夜中に小便に起きると空に星が散らばっていた。朝になったらペテガリ岳へアタックと決める。一眠りして、四時半に起き出し、焦がしネギパスタに鹿のアバラ肉をこれでもかと載せて朝食。インド製手巻き腕時計がどの程度正確な時刻を指しているのかはわからない。空が薄明るくなったのを確認して出発した。今日は何日だっけ？　と考えていて、妻の誕生日であることを思い出した。出会ったとき二二歳だった女子大生が五〇歳である。

初冬のペテガリ岳のアタックは毎度怖い。行程が長く、明るいうちに帰って来られるか、自分の身体が前回と同じように動いてくれるのか、心配になる。

黙々と歩いて、一一時前にペテガリ岳に登頂。これで幌尻岳とペテガリ岳を繋ぐラインが完成した。ナツも喜んでいるように見える。強風の山頂には二〇秒しか滞在せず、すぐに下山に移る。いつものように長い下山。ゆっくり楽しむことはできず、結局、往復七時間かからずに小屋に戻っていた。

翌日は休養と出発の準備。第一の朝食はチャイとナビスコプレミアムクラッカーと干しプルーンのゴールデンコンビ。リンゴジャムが食べたくなり、そのまま、食べたいものが頭の中を駆けめぐる。臭いチーズ、餃子、キャベツとモヤシとブタバラ肉の野菜炒め……。野菜炒めの手順を頭の中で確認する。肉には下味をしっかり付け、ラード、ニンニク、干しえび、ナンプラーは外せない。頭が料理モードになり、デポ食料の包装袋にある「作り方」を一つずつ確認する。

便意を催し、浣腸の用意。手順は複雑で、温度設定や道具の扱いも繊細だ。だがその甲斐あって、いまのところ肛門は小康状態である。ここで肛門を切ってしまうと、これまでの努力が水の泡なので、慎重にしなくてはならない。排便後は、小屋の救急箱にあったマキロンで消毒し、化膿止めのクリームを塗って、ようやく一連の排便活動が終了する。

第二の朝食、鹿のスジ肉ジェノベーゼパスタを作る。薪ストーブの上で煮込んだ鹿のスジ肉がう

ペテカリ山荘は、もはや別荘と思えるくらいお世話になった

ペテガリ岳山頂直下

まい。

薪ストーブにペール缶を載せて、湯浴み用のお湯を沸かしながら、本棚の古い山岳雑誌をパラパラとめくってみた。面白くない。その下に積んである北海道新聞を開く。ニュースはオールズになっているが、インタビューや人物紹介は時間を経ても面白かった。インタビュー記事を探して新聞をめくっていって、書評！　と気がついた。積んである新聞を見るとわが家の古新聞とは違い、きれいに日付順に並んでいる。日曜日の新聞をすべて取り出し、寝床に持って行ってゆっくり楽しんだ。

持っている地図を広げて、もう一度、残りの行程がどのくらいになるのか考えてみた。明日の出発から日付と行程を地図に書きつらねて見る。楽古山荘まで三日、一日休んで、山荘から襟裳岬往復が五日、一日休んで、楽古岳を越えて帯広空港まで四日となると、二週間後の一一月二四日には飛行機に乗っていることになる。

ほんとうに帰れるのか？　チケットは一二月二八日、実質的な最終日は一二月一〇日くらいと予想していたので、早すぎる終了は逃げるようで格好悪いが、予想とはいえ帰りの日付が具体的に現れたことにドキドキする。

「用意してある休暇日数を考えれば、知床へ継続できるぞ」と自分をからかってみる。

昨日炊いたご飯の残りに鹿汁をかけて、おやつとする。生米を並べると残りは五キロほどだった。普通に食べたら一二日分くらいなので、すでに足りない。米はセーブして、小屋の備蓄食料である餅をいただくことにした。

ペテカリ山荘の備蓄食料は、値段相応の現金をポストにいれておけば食べてもよいというルールである。私はお金を持っていないが、もし生きて帰れたら、来春、猟期最後にペテカリ山荘を訪れて払えばいい。協力金となっている小屋の使用料もそのときまで借金である。

後払いで備蓄食料を食べたら、無銭旅行の意味がないのではないかと、ふと思ったが、深く考えるのはやめた。台所にあった洗剤で頭を洗い、おやつにキツネ肉を食べる。

終盤戦開始

一一月一一日、鹿ハツジェノベーゼを食べて出発。ナツも通い慣れている峠越えのはずだが、別の支流を自信満々であがっていった。自分の現在地を理解しているのか、いないのか不明である。肛門の調子はぼちぼちで、膝は少し痛い。休養日があると膝の腫れが引くため、痛みが出てしまうようだ。

神威山荘の下流に出て、そのまま沢沿いに林道を降りて行く。神威山荘で行程を切るパターンとソエマツ川がらみの峠越えで東に向かうラインは何度も検討して、どちらも不採用とした。このまま林道を下って、里に出て、農道と国道を使って楽古山荘をめざす。

里に近づいたところで、雲行きがあやしくなり、先を急いだ。森の中で適当に宿泊するつもりだったが、屋根の下に逃げ込んだほうがよい雲行きだ。

降り出す前に牛舎の廃屋に逃げ込むことができ、慌てて損したなと思っていたら、ゲリラ豪雨になった。屋根を叩く大粒の雨が牛舎に反響する。軒下で米を炊き、早々にツェルトに入った。

不安定な天気は夜中も続き、朝方、ふたたび大粒の雨が牛舎を叩いた。停滞することに決めて寝入ってしまい、寝坊して目が覚めたときは、外は明るく空は晴れていた。

森から湯気のような霧がもうもうと立ち昇っている。急いで残りご飯をかき込み、パッキング。農道に出ると車が通り過ぎていった。人を見るのは何日ぶりだろう？　十勝清水の林道以来なら一二日か？　一二時まで四時間ほど歩き、支流に入ると、道路から見えずに焚火のできそうな平地があったので、早じまいとした。

翌朝は、暗いうちに起き出す。日の出の時間が遅くなり、出発の時間も六時を過ぎるようになった。日高幌別川を渡る適当な橋がない。徒渉すればすぐだがそこそこ水かさがあり怖い。川の向こうに見えている道に行くのに、日本中央競馬会の日高育成牧場をぐるりとまわって西舎橋を渡る約七キロの遠まわりである。

ナツを繋いだまま国道を黙々と歩き、楽古山荘へつづく林道に入った。ペテガリ岳の山頂はぼちぼち雪があったので、最後の楽古岳越えも、雪の山越えを覚悟していたのだが、遠くに見える日高南部の稜線にはまだ雪がないようだ。

もしかしてここでも本格的な積雪の前に稜線越えができるかもしれない。

一四時前に楽古山荘に到着した。楽古山荘には残りの地図と飛行機に乗る用のシャツをデポしてある。ペテカリ山荘の備蓄食料に手を出したことで気持ちのタガが緩み、楽古山荘でも備蓄食料を食べるつもりまんまんになっていた。だが勇んで入った小屋に食料はなく、ミツカンの麺つゆがひとビン置いてあるだけだった。麺つゆの横に固形燃料の缶が六個（大二個、小四個）積んであり「ご自由にお使いください」と書いてある。

小屋には薪ストーブがあるので固形燃料を使う必要はない。キャンプかなにかで余ったものの、燃料の缶は燃えるゴミか燃えないゴミかわからないので、善意を装って山小屋に捨てたというところだろう。炭素化合物としての熱量は高いのだろうが、食べることができないというギャップに空腹が刺激され「食いもん置いとけよ」と八つ当たり。

薪ストーブに火を入れて、チャイを淹れ、一息ついてから、銃を持って散歩に出た。残りの食料を考えたらここで鹿が獲れるか獲れないかは大きな違いだ。というか、鹿を獲らないと先に進めない。登山道は銃猟禁止エリアになっている。林道を戻ると、ランドクルーザーが入って来たので、慌てて銃を隠した。違法なことはしていないが、どんな難クセを付けられるかわからない。

おじさんが窓から顔を出した。

「鹿見なかった？」

狩猟者だった。

「いや、今日は見てないですね」

「この辺の斜面によくいるんだけどな。おたくは？」

「登山です。楽古山荘に泊まってます」

「そうか。じゃ、戻るかな」とランクルおじさんは戻っていった。

車が入れない支流の側道に入る。アシは多いが気配はない。と思ったら、ナツが匂いをとってリードを引いた。引かれるままに小走りで進むと、子鹿が上流で走った。

スイッチを入れて本気で追う。子鹿は流れを渡り、対岸の傾斜で立ち止まった。腰を落として、装塡、構えて、撃鉄を落とす。

銃声とともに子鹿がふたたび走り出した。

うん？　妙に元気だな、とは思ったが、いただきのパターンなので、ゆっくり対岸に渡り周辺を見わたす。血が落ちていない。ばかな……。ナツが追いたがるが、夕暮れが近いので追跡が長くなるのは避けたい。手負いになっていると思われる子鹿を刺激しないようにそっと追う。だが、足跡は元気に斜面を登っていく。どうやらはずれたようだ。

重要な鹿を撃ち漏らした。今の子鹿を持って明日の休養日を迎えたら申し分なかったのに……。

夜中に小便に起きると小雨が降っていた。

嫌な予感がした。

その予感どおり、雨脚が強まり、小屋の中が青白い閃光に照らされて、小屋を揺らす雷鳴が鳴り響いた。

ソエマツ川のラインに挑んでいたら、今ごろはまだどこかの森で泊まっていたはずだ。昨日の午後、小屋に入れてラッキーだったのだ、と今より悪い状況をシュラフのなかで考えるのは、昨夕の子鹿が悔やまれるからだ。

朝になり、明るくなっても雨は続いていた。朝早く猟に出る計画は消えた。生米は残り四キロほどになっている。もう浪費はできない。

小屋の周辺にフキの枯れ葉があったので、雨の合間に見に行くと、案の定、枯れ葉の根本にフキノトウがあった。フキノトウは春の山菜だが、秋には地中で準備されるので、雪の遅い地方では晩秋にも見つけることができる。

鹿もそれを知っているようで、鹿に食べられた跡も多い。なんとか数個確保して小屋に戻り、お湯を沸かし、「ミツカン追いがつおつゆ」をお湯で割って、フキノトウのみじん切りを浮かべて飲んだ。うまい。すぐにおかわりを作って飲み、もう一度、フキノトウを摘んできて、また飲んだ。どの程度のカロリーがあるのかはわからないが腹の足しにはなる。

雨は小康状態だが、風が強い。台風なみに発達した低気圧が北海道の上を通過しているのだろう。

家族が横浜で天気図を見ていたら、小屋に逃げ込んでいることを知らずに心配しているかもしれない。

米は炊かず、昨日の残り飯を、追いがつおつゆ雑炊にして夕食とした。子鹿の撃ち漏らしがまだ悔やまれ、撃った瞬間の映像が何度も頭の中でフラッシュバックする。

一一月一五日。夜が明けると外は真っ白で、吹雪いていた。西高東低になることは覚悟していたが、それでもがっくりする。冬将軍に捕まったのだ。

米の残りはあと一〇日分ほど。いつ西高東低が緩むのかわからないので、一日二〇〇グラムに制限をはじめる。気温がぐんぐん下がり、水道の水も止まってしまった。ナツの食料も乏しくなり、物欲しそうな顔でこちらを見ているが、無視するしかない。

防寒具の上に雨具を着て、外に出てみるが、フキの枯れ葉が雪に埋まってしまい、フキノトウの場所がわからない。食料を制限しているということは、まだ襟裳岬も楽古越えもあきらめていないのだなと、自分の気持ちを他人ごとのように分析する。鹿が一頭でも獲れれば、山旅可能日数が増え、話は逆転する。鉄砲が食料に直結するこの状況は、計画段階で望んでいたものではないのか。

もし日程を短縮できれば、食料が増えたのと同じことになる。もう一度、地図を見なおした。焚火を熾すにはひと目を避けなくてはならない。襟裳岬までに宿泊可能ポイントは少なく、焚火を熾すなら日数の短縮は無理だ。大量のおにぎりを持って出発し、火を熾さないで済ませられないかな……と考えていて突然、「固形燃料！」という発想が破裂音とともにやってきた。

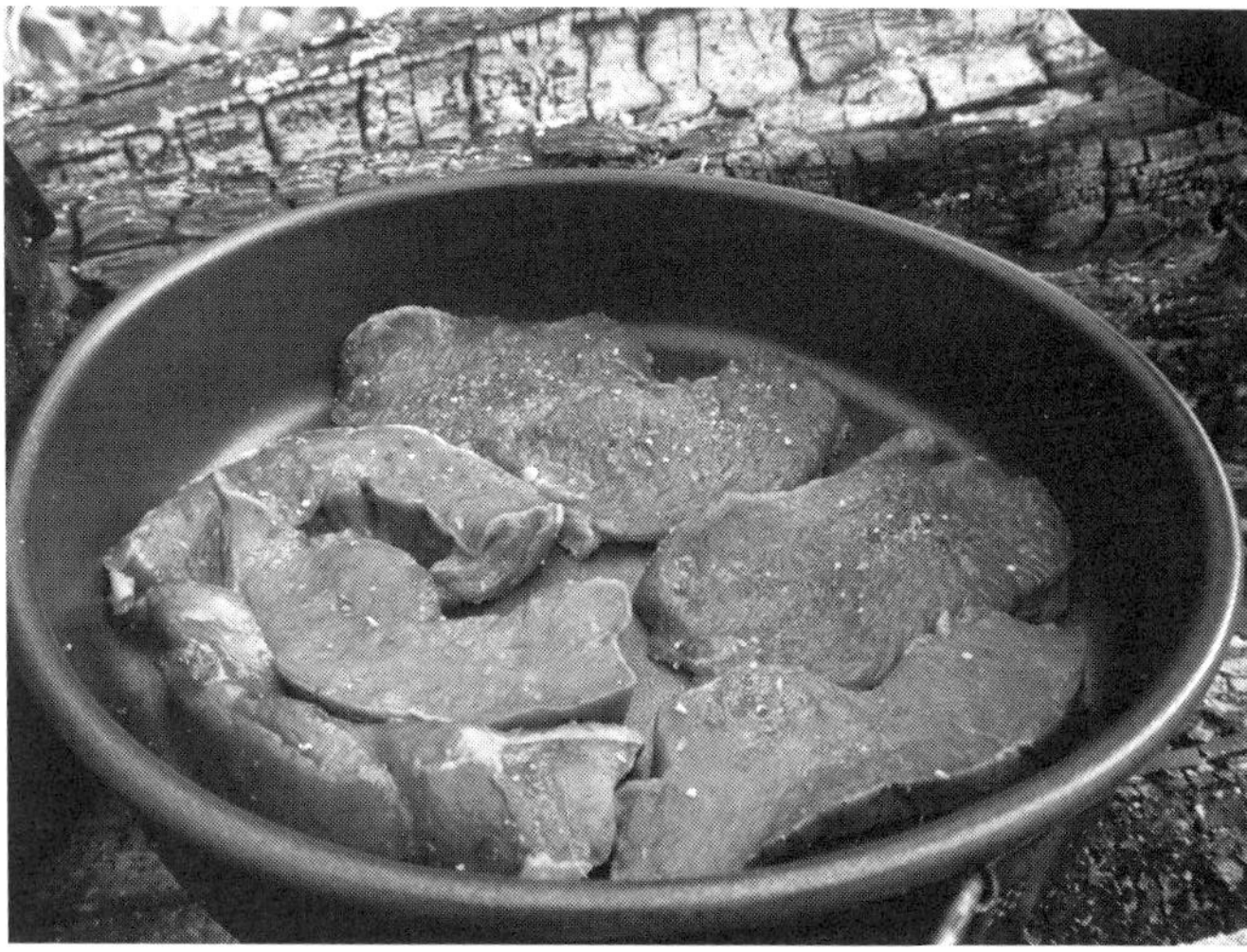

鹿モモステーキハーブソルト味を弱火でじっくり炙る

都合7泊させてもらった楽古山荘。水道があり快適

「燃料置くなら食いもん置いとけ」と一昨日は毒づいたが、固形燃料をコンロ代わりに使えば焚火や宿泊準備に時間を取られないので長い時間歩くことができる。とすれば日程が短縮できる。視点を変えれば固形燃料は今の私にとって食料と同じだ。地図にコンパスを当てて距離を測ってみた。固形燃料をうまく使い、襟裳岬往復日に空荷で五〇キロ歩けば、山荘から襟裳岬を二泊三日でなんとか往復できるかもしれない。

ごめんなさい、と固形燃料を置いておいてくれた人に謝っておく。

夕方、一昨日のランドクルーザーが来て、小屋の駐車場で車をまわして、戻っていった。

一八時にはシュラフに入った。

一一月一六日、朝からガス曇りだが、吹雪はやんでいるので、出猟する。林道をかなり戻って撃つことを覚悟し、距離が長くなったときに、どの部位をどう運ぶかのシミュレーションをシュラフの中で考えつづけていた。新しいアシが新雪の上についているが、数は多くない。牧場が広がるところまで下ったら、その牧場に鹿の親子が見えた。距離は四〇〇メートルくらいだろうか。近づくには川を渡らなくてはならず、別の鹿を探したほうが効率がよさそうだ。期待していた草原をそっと覗くがいない。草原に入るとアシはたくさんついている。森に続く作業道を入ってみるが、いない。ぐるりとまわって林道に戻ってくると、例のランドクルーザーがエンジンをかけたまま止まっていた。徒歩で近くを見ているのだろう。周辺はあきらめて小屋へ戻ることにする。

途中、林業のブル道を入ってみたが、ここでも鹿に会うことはできなかった。ナツも腹が減っているようで、鹿をあきらめて小屋に帰るのを嫌がっている。

食料制限

小屋に戻り、ストーブに薪を足してお湯を沸かす。チャイ用の砂糖とミルクパウダーは底が見えてきた。茶葉だけは余裕があるので、まずストレートティを多めに作り、別の容器に少し移して、砂糖とミルクパウダーを入れる。濃いチャイはこれだけ。残りのストレートティには、少しだけ砂糖とミルクパウダーを入れ、薄いチャイにする。

外はまた吹雪になった。西高東低が強くなったのだろう。このまま天気が回復せず、鹿も獲れなかったら、どこかの段階で襟裳岬をあきらめて、帯広空港に向かって動き出さなくてはならない。だが、それをいつにするのか……、考えても答えが出ない。

地図を出し、帯広空港までの日数を計算しなおしてみる。やはり四泊だ。ギリギリまでがんばってあきらめて出発し、空港への道中に悪天が続いたらどうなるのだろう。

いままさに計画段階で期待していた、鉄砲が生命線になる状況である。出発前、その一発だけが明日の命に繫がっているひりひりするような射撃を体感してみたいと思っていた。だがそんな状況に追い込まれて実際に考えているのは、里に降りて親切そうな人を見つけ、事情を話せば助けてくれるだろうということだった。所持金ゼロが作り出すのはほんとうの荒野ではない。荒野という設定で旅しているかぎり、人に助けを求めるということは餓死したとおなじだ。そんな言葉のうえの覚悟はあっても、「死んだという仮定」ほどナンセンスなことはない。

一四時過ぎに、毎日林道で猟をしているおじさんがいつものランドクルーザーで入ってきた。今朝、出猟したときに下流でエンジンをかけっぱなしにしていたランドクルーザーである。

もし鹿の前脚一本でも恵んでもらえたら……という魂胆で小屋から出て、軽く会釈すると、おじさんは玄関に入ってきた。

「今朝、下の牧場で車を見ましたよ」

「おう、おれもあんたのアシを見た」

「じつは、獲物を狩りながら旅をしてるんです」と私は言った。「オヤジさんより先に牧場を覗きたくて、早朝に行ったんですが、対岸の遠い所に親子がいただけで、撃てませんでした」

「対岸にいたか。おれはマグナムだから五〇〇メートルくらいまでは撃つぞ」

「撃った鹿はどうするんですか」

「業者におろすんだ」という返答から、おじさんの近況をまるまる聞くことになった。公共工事を請け負う仕事をしながら狩猟をしていたが、数年前に一年中有害駆除を行なう職猟師になり、近年は毎日、浦河町の林道をランドクルーザーで走って、年間四〇〇頭ほどの鹿を撃っているという。

林道関係の仕事だったので、山中の車道に精通しており「多い年は六〇〇獲るぞ」と笑った。歯の抜けたその笑顔は、数千頭の鹿を撃ち殺してきたようにはとても見えなかった。獲った鹿はサイズにかかわらず、一万円でドッグフードの業者が買い取ってくれるという。

「犬の餌ですか、もったいない」

「たぶん、いい肉は人間用に転売しているんだろ。おれは、ちゃんと血抜きしてすぐ持って行くから」

「もしかしてこの林道を毎日パトロールしているんですか？」

「おう、毎日二回だ。ガソリン代もばかになんねえぞ」

「鹿は旅の重要な食料なので、おれが一頭撃つまでちょっと我慢してくれません？ 食料の計算を間違えて、いまちょっと足りないんです。もしくは、後脚一本、恵んでください」

おじさんは首を傾げて考えていた。おそらく後脚を切り離したら、業者は引き取ってくれないのだろう。

「この辺なら、どこに多いですか？」

「登山道は発砲禁止だからな。歩いていける範囲となると……。おれは車道の周辺しかやらんからなあ」

「支流の林道にもアシは出てますが、姿は見ないですね。尾根を越えた幌満川の林道はどうですか？」と南側の山を指差した。襟裳岬方面に前進しながら、鹿を狙うというギャンブルも選択肢の一つだった。

「あっちは様似町だからあんまり行かねえんだ。まあ、いるのは間違えねえがな」

そろそろ夕暮れで鹿が動く、と言い残して、おじさんはランドクルーザーで林道を降りて行った。私も銃を持ち、ナツとともに小屋を出た。雲が厚く薄暗かった。おじさんのランドクルーザーが入れない古い仕事道に入るしかない。

降ったばかりの雪の上に、真新しいアシがあった。跳んでいる。こちらを気取って逃げたのだろうか。

そのアシは追わずに、膝下のラッセルで仕事道を奥へ入っていった。気配が漂っている（気がする）。

新しいアシが二本交差していたところで顔を上げ周辺を見わたすと、なにかが脳に引っかかった。その違和感を探るように目を戻すと、木立の中で黒っぽい雄鹿が立ってこちらを凝視していた。

腰を落とし、肘を膝に乗せる。スコープの向こうで鹿がこちらを見ている。レティクルが揺れる。祈るように揺れを抑える。十字が肺に乗った瞬間に引き金を落とした。三日前に撃ち漏らした子鹿と今後の食料とこの先の行程が頭をよぎった。雑念だらけの射撃。それでも雄鹿の反応は弾が入ったように見えた。

だが、雄鹿は斜面を斜めに駆け上がっていった。

はずしたのか？　と嫌な予感が頭をよぎったそのときに、鹿の膝がガクッと崩れた。だが、立て直すように数歩斜面を登り、灌木の向こうに消えた。斜面を落ちたようにも見えた。

これで帰れるかもしれないという思いが頭の中に浮かぶ。だが雑念を振り払い、ナツを繋いだまま鹿がいた場所へ急いだ。

血痕は見当たらない。雲が厚く、夕暮れも近く、斜面には雪が少ない。

「鹿どこだよ」とナツにあたる。ナツは仕事道の奥に行きたがっている。

「そっちにはいないだろ」と声をかけながら登った斜面を戻る。ガクッとしたのはこの辺りだったが……と目を凝らすと、大きな血だまりがあり、その下に滑り落ちた跡が続いていた。

斜面の下を覗き込むが鹿はいない。どこだ？　この出血ではもう遠くに跳ばれることはない。ナツを放す。河原に下りて上流へ走っていった。そっちに逃げた？　私も鹿が落ちた跡をたどり、流れを飛び石で渡り対岸へ出た。だが新雪が積もっている河原には鹿の血痕も足跡もない。

滑った跡を確認し、もう一度、鹿のアシや血痕を探しながら河原を往復した。アシも血痕もない。となると……と流れをよく見ると、水中に鹿が倒れていた。倒れ具合が石のようだった。

よし、これで帰れる、と拳を握った。

アタック準備

一一月一七日。青空は見えているが、上空はかなり風が強いようだ。ゴーゴーと森が揺れ、雲が流れていく。昨日は夕暮れの中で鹿をバラし、すべてが終わったときは完全に暗闇になっていた。

それでもソーラーパフの明かりを頼りに料理もして、胸肉をストーブの上で煮込んである。

朝はゆっくり起き出し、まず直腸をフライパンで炙った。脂が滲み出し、揚げる感じになった。サクッとなるまで揚げ、残り少なくなったマジックソルトを振りかけて食べる。旨い。旨すぎる。昨夜から煮込んでおいた胸肉スープもすする。こちらも旨い。

鹿はやや老齢で上質とはいえなかったが、贅沢を言える状況ではない。とりあえず、すぐ食べる部分と、襟裳岬往復後に食べる部分をわける。腹がすぐに減り、残りの直腸をもう一度揚げる。マジックソルトではなく、塩味だけで食べてみたが、やはりうまい。

襟裳岬往復のための食料と装備をわける。固形燃料では薪ストーブほどうまく米を炊くことはできそうにない。小屋のストーブでご飯を多めに炊いて鍋のままザックで持って行くことにする。その他に生米を三合、背ロースにハツとタン、チャイセット、調味料、そして固形燃料。それを選り分けると、生米の残りは二キロほどだった。空港への行程のギリギリである。もし悪天で停滞したら、炭水化物は足りなくなってしまうだろう。

準備はすぐに済んでしまい、不安がもたげて来る。アタック二日目の岬往復日は約五〇キロ歩かなくてはならない。天気、体力、宿泊地、食料……。不安なことだらけである。しかも残りの食料からチャンスは一度きりだ。

一四時過ぎにいつものようにランドクルーザーのおじさんが入ってきた。

「昨日あのあと、仕事道の奥で鹿を撃ちましたよ」と伝えると、「おう、ちょっと心配だったんだ」

と喜んでくれた。

「天気どうなるか知ってます？」

「明日と明後日はいいみたいだぞ。そのあとまた崩れるようだな」

そこに賭けるしかない。

「不要な荷物は小屋に置かせてもらって、明日から襟裳岬まで行ってきます」

岬アタック開始

鍋にたっぷりの米を炊いて、薄暗いなか、出発する。まずは山越えの藪漕ぎだ。一本手前の支流に入ってしまったようだったが、笹藪はそこまで濃くはなく、トラバース気味に峠に出ることができた。そのまま雪の積もったルンゼを下っていく。すぐに荒れ果てた林道に出た。

膝下のラッセルだが、新雪のため底が地面で歩きやすい。空はどす黒い曇天である。昨日のおじさんの天気予報とはだいぶ違う。

パンケ川の林道から幌満川の林道に合流し、南をめざす。林道にはタイヤ痕が残っていた。狩猟者が四駆車で入っているのだろうか。鹿のアシはあるが姿は見えない。

放していたナツが駆け出し、森の斜面を登っていった。今日は追うなと言ってあったのだが、まだ日本語が理解できないようだ。

犬笛を吹いても、帰ってくる気配はない。進んでも追いついてくるはずだが、ひとまず、腰を下ろして休憩。冷や飯を鍋から食べる。二〇分ほどでナツが戻ってきた。

幌満湖を過ぎ、林道沿いの池に波紋が広がっているので、魚がいるのかと目を凝らすと、魚ではなく雨だった。気温が低いので私は雨具を着ていたが、ナツは濡れていく。

道路がアスファルトになったところでナツを繋ぎ、幌満の集落で国道にでた。私の時計で一三時。郵便局の横に公衆電話があり、その先にバス停があった。北海道のバス停は待ち合い小屋がついている。ナツを小屋に繋ぎ、公衆電話で神のお告げ（天気予報）を聞くことにした。

今日の午後は豪雨、明日は曇りのち晴れで、明後日は曇りのち吹雪だという。ランクルおじさんの予報とぜんぜん違うではないか。雨脚が少し弱まったところでバス停小屋を出て先に進んだ。距離的には襟裳岬を何とか一日で往復できるところまで来ている。雨脚が強まったので、ふたたびバス停に入って雨宿り。海沿いで風が強いためか、バス停の小屋にはドアもついている。このままバス停で夜を明かさせてもらうというのも一つの選択肢だ。

道路の向こうで、神社が雨に霞んでいた。その横にガレージが見えた。ナツをバス停小屋に繋いだまま見に行くと、雨がまったく当たらないそれなりに広い空間があり、隅っこにいるかぎりどこからも死角になっていた。

厳密にいえば不法侵入になるのかもしれないが、神社の駐車場に一晩眠るくらい許されるだろう。

翌朝は暗いうちに出発した。街灯がないところは、ソーラーパフの明かりで進む。漁師さんと思われる軽トラックがつぎつぎに私とナッツを追い抜いて行く。黙々とただ南をめざす。

えりも町の中心地といえる本町には七時ごろ入った。コンビニを目にしてからついつい足元を気にするようになってしまった。もし一〇〇円拾ったら何を買うかをずっと考えている。消費税があるので一〇〇円のものは買えない。九〇円の食品はあるのだろうか。一〇円のガム？　ガムなど買って何の足しになる？　一〇〇円は今の私に無価値なのか。五〇〇円硬貨だったら、牛乳だな。牛乳と砂糖だ。

メイン道路の交叉点に料亭があり、店の裏にまわり込んでみた。ゴミバケツは出ていなかった。すごいごちそうが手に入るのではないかと本気で期待したのだが……。

町はずれの住宅街にあるゴミ箱をみると、運よく燃えるゴミの日だった。捨てたばかりと思われる袋をちょっと持ち上げると、底に溜まった生ゴミの水分にミニトマトが浮かんでいた。一瞬悩んだが、取り出すほどではない。つぎのゴミ袋を持ち上げたときに、目の前の玄関が開き、おじさんがゴミ袋を持ったまま私を見て固まっていた。

「おはようございます」と言い捨てて、走って逃げた。残飯の誘惑に負け、いつのまにか、ひと目を気にしなくなっていた。

昆布を干す広場に落ちている昆布のかけらを拾って齧った。海辺の雰囲気が増し、灌木に小さい赤い実がたくさんなっていた。数個とって口にいれると、そこそこうまい。毒の可能性もゼロではないな、と思いながらも、口に運ぶのをやめられなかった。北海道といえばハスカップなので、ハスカップだと信じることにする。

たくさん実っている木と、まったくついていない木がある。ひとつぶひとつぶは小さくて効率が悪い。帽子にばらばら落として、それをつまみながら進み、なくなったらまた帽子に落としてつまみながら進んだ。

地元の人とすれ違いさま、この木の実なんですか？　と聞くと、グミだろ、と返ってきた。

「食べられますよね？」

「誰も食べんよ」

「けっこううまいですよ」

岬への道は丘陵地帯を登り、半島の尾根にあがった。分水嶺である。周辺に鹿の匂いが漂っているようで、ナツがリードを引く。引かれるままに最後の行程をなんとなくジョグで進んだ。ぱらぱらと雨が降り出した。観光客用の駐車場が見えた。一六年前の日高全山縦断のゴール地だ。時間は八時四〇分。写真を撮って一〇分後には岬を後にする。五時に出発したので四時間弱。明るいうちに神社のガレージに戻れそうだ。

さっき走ったばかりの道を今度は逆に走っていく。黒い車が追い抜いていって、少し先で停まり、

山旅 50 日目、襟裳岬。ナツは写真撮影がきらい

中から女性が降りてきた。

「服部さんですよね？」

「え？」まさかこんなところで声をかけられるとは思っていなかった。「あ、いや、服部です」

「サインしてもらえますか」

「え？」まさかこんなところでサインを求められるとも思っていなかった。「あ、いや、いいですけど」と本とペンを受け取り、車のボンネットを机にしてサインした。

「今日おれがここを通ること知っていたんですか？」本人すら昨日まで知らなかったのに……。

「夫が服部さんのファンで、今日出社時に車から服部さんを見たから、岬で捕まえて絶対サインをもらってくれとさっき電話が来ました」

住居はえりも町えりも岬にあり、五〇日ほど前に私がツイッターで北海道縦断に行くとつぶやいたのを見ていたという。

サインした本を渡そうとして、ふと、欲が渦巻いた。

「サインの代わりってほどおれのサインに価値があるとは思っていませんが、もしよかったら、食べ物を恵んでくれませんか？」

「え？　食べ物って、なんですか」

「なんでもいいです。米、麵、餅……」

「ラーメンならあったかな」と女性はちょっと考えてから「乗りますか？」と車を指した。

「こだわりの徒歩旅行中なので、車はダメです。オレはこのまま道道を北上して、国道に合流し、幌満まで歩いて帰るので、車で追いかけてきてください」

そう言って別れた。おそらく追いかけてくることはないだろう。もし、ほんとうに食料を持って追いかけて来てくれたとしても、せいぜいインスタントラーメンを二個といったところだ。期待するとばかを見る。

そんなことを考えつつ、どこかで少し期待しながら早足で歩いていたら、さっきの車が追い抜いて停まった。思わず駆け寄ってしまった。

「まず、おにぎり」といって女性はずっしり重い袋を手渡してくれた。「ほかにはこんなものしかなかったんですが」と女性は、座席に投げ込んできた食料を見せてくれた。五合ほどの生米のほかに、カップ麺が数種類と羊羹とパンの缶詰とリンゴとアルファ米があった。非常用の備蓄食料をとりあえず積んで来てくれたようだ。宝の山である。

ぜんぶ欲しかったが、ぜんぶは卑しい感じがしたので、苦手なアルファ米関係は遠慮して、ほかをすべてもらうことにした。お礼を言って車を見送ったあと、バス停小屋に入り、まだ温かいおにぎりを取り出した。

ナツが物欲しそうに見上げているので、ご飯ぎらいなナツも、今日ぐらいは食べるだろうとシャケおにぎりを半分やったら、シャケだけしか食べなかった。ナツの食べ残したおにぎりのご飯を床から拾って食べながら、コイツにご飯は二度とやらないと心に決めた。

旅の終わり

本町無料休憩所

ファンからいただいたおにぎりで腹ごしらえをして、足取りも軽く幌満近くの神社のガレージへ帰っていく。岬に向かうときはまだ寝静まっていたえりも本町は、観光地らしい活気に包まれていた。観光案内所に「休憩所コーヒー無料」と書いてあるのを見て、ふらふらと中に入った。

無料コーヒーを探すと広間の隅の小さなテーブルに、ポットとインスタントコーヒーとスティックシュガーとクリープの小ビンが置いてあった。カウンターの中で事務仕事をしている二人の女の子の視線を感じつつ、紙コップにコーヒーをちょっとと砂糖をたっぷり（スティック二本）入れ、クリープの小瓶を開けた。最大の狙いはこのミルクパウダーだったが、瓶のなかにはほんのちょっとしか残っていなかった。その残り少ないミルクパウダーの半分を入れ、お湯を注いで、ちょびちょび飲んだ。瓶はクリップだが、中身はクリップではなく植物油脂を使った安物だった。飲み干した紙コップに、残りの安物ミルクパウダーをぜんぶいれて、お湯をすこし入れ、揺すって冷ましてから外に繋いであったナッツに持っていった。

空になった紙コップのゴミを捨てがてら、カウンターの奥の女の子に天気予報を聞いてみた。女の子は自分のスマートフォンをいじって天気予報を出してくれた。午後も天気は不安定らしい。カウンターの上に「忘れ物」と書かれた箱が置いてあって、オモチャがいくつかとプリッツ（お菓子）の旨サラダ味が一箱あった。どうやら観光案内所の広間は地域の子どもたちの遊び場になっているようだ。

「この忘れ物のお菓子、誰もとりにこないんじゃない？」とつい聞いてしまった。

「くると思いますよ」と女の子が答えた。

「歩いて旅しているんですか？」ともう一人の女の子が聞いた。

「うん、犬と」と言うと、二人は、いぬ？　と身を乗り出してきた。「外に繋いであるけど」と顎で示すと、二人は顔を見合わせてから立ち上がり、外に出て行った。私は忘れ物の箱からプリッツをとってズボンに挟み、上着で隠して、荷物を持って外に出た。

ナッツは繋がれているのでしかたなく女の子たちに撫《な》でられていた。頃合いをみて、じゃあ、と声をかけて観光案内所をあとにした。

少し歩いて、服の下からプリッツを取り出し、ちょっと考えてから箱を開けた。残しておいてもしょうがない。

小袋を開けてプリッツを食べながら「月日は流れ、世界は変わった」と強く意識した。カウンターに座っていたのがおばさんで、私が若い旅人なら「お菓子の忘れ物なんかもっていっていいわよ」と言ってもらえたはずだ。だが、もはや私は五〇歳のオッサンで、相手もおばさんではなかった。世の中は変わったのだ。

午後になって風が強くなり、ときどき大粒の雨がバラバラと降った。宿泊地のガレージへ急いでいると横に軽トラが停まった。

「どこに行くの」

「え、いや……」と言いよどんでいると「乗っていく？」と続いた。

徒歩旅行へのこだわりがあったし、神社のガレージに宿泊していることを知られるわけにはいかなかった。

「いや、もうすぐそこなので」とお茶を濁し「大丈夫です。ありがとうございます」と断った。

「昨日もおたくがワンちゃんと雨の中、歩いていたのを見たんだ」

「ホントにもう、すぐそこでお世話になっているので、大丈夫です」

旅人を大切にしてくれるお兄さんの気持ちを思うと心が痛かった。

「じゃあ、気をつけて」と言って、お兄さんは去っていった。

謎のオッサン

ファンの差し入れによって、突然、裕福になった食生活だったが、貧乏根性が染み付いていて、盛大に食べることはできなかった。プリッツの残りと、カップ麺を一つ食べて眠った。

朝起きても空は暗く、風は強かった。

だが帰り支度をして、薄暗いうちにガレージを出た。

ルートは一昨日の真逆、少し登りになるが、時間は読める。気持ちを入れ直して歩き出したところで、「おい、あんた」と呼び止められた。

ドキリとした。ガレージ泊とプリッツのことが頭をよぎる。

「犬連れてる、あんただよ」とさらに強調したのは、赤い自動販売機の前に立っているオッサンだった。

「ども、おはようございます」

「おう、茶、飲んでいけよ。なにがいい」とおっさんは自動販売機に小銭を入れた。詰問されるのではないことに安堵しつつ、先を急いでいるんだけどな、と思いながらも、さっき飲んだばかりのミルクティを探してしまう。だがラインナップに入っていない。温かくてカロリーが高そうという基準でココアを指さした。

自動販売機横の段差に座ったオッサンが「犬と歩いて旅してるのか?」と聞いた。

「はあ」と私も座る。

「どっからだ」

「歩きはじめは宗谷岬、家は横浜です」

これまでもときどき聞かれてきたので、答えも自動化している。

「宗谷岬から歩いてきたのか？」

「昨日、襟裳岬につながりました」

「犬もか？」

「はあ」

「あんた、ばかだなあ」とオッサンは笑った。褒め言葉なので悪い気はしない。宗谷岬からの徒歩旅行を大げさに驚かないところも好感が湧いた。

「何日かかった？」

「え？　あれ？　今日は……五一日目かな？」

「そんな顔だな」

「そうですね」

「金かかるだろう」

「基本的には山の中でキャンプなのでまったくかかりませんよ。というかお金持ってないんです」

自己主張を少しだけしてしまった。それを聞いたオッサンの目がきらりと光った。ヤバい、話が長くなる、と思った。楽古山荘まで戻らなくてはならないのに。

「貧乏なんじゃなくて、金を持ってないのか？」

「いや、あの、もし、財布を持たずに旅したらどうなるのか、ちょっと試してみたくて」

「ちょっと試して五〇日か？」

「二、三日じゃ、意味ないでしょ」

「そりゃそうだ」とおっさんは笑った。「でも食いもんはどうするんだ。盗むのか」

「避難小屋に事前に置かせてもらって、それを回収しながら進みました」

「ひなんごや？」

「山の中に登山用の小屋があるんですよ。たくさんはないですけど、有名な山の入口とか山頂付近とかに……。北海道はけっこうありますよ。そこの道を山のほうに入って六時間くらい歩いたところに一軒あります。薪ストーブもあって快適ですよ」

「そこに食料が置いてあるわけだ」

「いや、楽古山荘には今回デポしていなくて、ペテカリ山荘にデポしていたのを運んでいます」

「持っていっちゃうヤツはいないのか？」

「登山の文化みたいなものですね。さらに狩猟をしながら歩いているので、鹿を撃ったり、キノコを採ったり、魚を釣ったりします。もう冬なので今は鹿だけですけど」

オッサンは頭の中を整理するように、ひととき黙った。建設関係ではなく漁業関係者に見えた。

停めてあるのは幌をかけた軽トラックだが、こぎれいだった。

「金は持たず、宗谷から、犬といっしょに、狩猟をしながら、歩いて旅してきたということか。途中で、ところどころ、避難小屋ってのに食料が置いてある……。うん？　北海道にはどうやってくるんだ？」

本質的なことを理解するのが速いな、と思った。頭の回転がよいというより、興味をもって理解しようとする態度が素直なのだろう。

「飛行機の往復チケットだけは持っていて、家から歩いて羽田に行って、このあと帯広から羽田に飛んで、そこからまた歩いて家まで戻ります」

また少しオッサンは考えていた。

「そんなこと、いつもやっているのか」

「所持金ゼロで狩猟徒歩旅行ははじめてですね。ふつうの登山や狩猟はよくやってますけど」

「狩猟徒歩旅行っていうのか？」

「いや、おれがそう呼んでいるだけです。やっている人はいないんじゃないかな？」

オッサンは声を上げずににやーっと笑った。

「今、あんた、ちょっと勝ち誇ったな」

こんどは私が笑う番だった。真顔でそんなことを指摘されたのははじめてだ。

「財布がないとどうなる？」

それは質問というよりつぶやきだった。このオッサンは本質に肉薄するのがほんとうに速い。話していて気持ちがよかった。

「お金がなければ経済活動に参加できない。ということは経済システムが存在しないと同じ。ということは北海道が原始の状態になる、というか仮想荒野のような空間になるかなと考えてみたんですが……。でも荒野にはなりませんでしたね」

「それでも、金なしで宗谷から歩きはじめて、ここまで来たってわけだ」

「じつは食料が足りなくて、昨日、おれのことを知っているって人に会って、恵んでもらいました。鹿だけじゃ無理です。穀物を食べないと体が動かない」

「いまどき、獲った鹿だけじゃ歩けないなんて、言うヤツいないよ」とオッサンは笑った。「人からものをもらうのはアリなのか?」

「まあ、現地調達食料の一部って感じですかね。鹿も人も出逢いですから。殺して食べていいのは鹿のほうだけですけど。あんまりストイックにやっても窮屈になるから旅として面白い範囲で」

オッサンはまたしばらく黙って考えていた。そして、一瞬ニヤッと笑ってから、腕時計に目をやるとおもむろに立ち上がった。

「面白い話だった。正直、驚いた」と言いながらオッサンはポケットから財布を出した。「おれが餞別をやるって言ったらどうする」

「え?」即座に断ることはできなかった。

「小銭だよ」とオッサンは財布を開けた。ちらっと見えただけでも一万円札が二〇枚くらい財布からあふれ出していた。その一万円札の横にあった千円札を取り出すと、ココアの缶を持って座っている私の横に置いた。三枚だった。札は小銭じゃないだろ、と思ったが拒否するような言葉を発することはできず、西高東低の風が三〇〇〇円をさらおうとするので、私は思わず札を押さえていた。その上にオッサンが小銭入れの中身をぜんぶ出した。

「けっこうあったな」とオッサンは笑い、「面白い話の礼だ。いらなかったら、そのへんの神社の賽銭箱に入れちゃいな。あばよ」と満面の笑みを残して、軽トラックの運転席に乗り込むと、こっちを見ることなく発進させて、走り去ってしまった。

「あばよって?」と心の中でつぶやきつつ、いま起こったことがにわかに信じられなかった。オッサンもオッサンとの会話も白昼夢のようだったが、私の右手には千円札三枚とけっこうな量の小銭があった。

かすかな罪悪感から私はいくらあるのか確認せずにお金をポケットに入れて、立ち上がり、逃げるようにその場を去った。

現金があるということ

国道を離れて幌満川沿いの林道に入り、車や人影がなくなってようやく、気持ちが落ち着いてきた。ポケットのお金が気になってそわそわするが、歩きつづけた。

もう、さすがにだれも来ないだろうというところで、林道脇の広場にザックを下ろし、ポケットのお金をぜんぶ出した。四七六〇円あった。昨日まで一〇〇円拾ったらどう使おうか考えていたのに、いまは五〇〇〇円近いお金持ちである。もう一度すべてポケットに入れて、歩き出した。

なんでも買える、と嬉しくなった。さっきまでえりも岬在住のファンにもらった差し入れを神の恵みだと考えていた。だがそれを上まわるものを手にしてしまった。差し入れの株が急に下がったなと笑った。

まずは牛乳だ。本物の牛乳で淹れたチャイを飲みたい。砂糖も追加だ。これで五〇〇円くらいか？　まだ四〇〇〇円以上ある。いや、牛乳より、生クリームのほうがいい。そうだ、クリームだ。すごいぞ。一〇〇〇円拾ったらと仮定したときは、いろいろ考えて、結局、完成した食品ではなく、材料（小麦粉や小豆）を買ったほうが圧倒的に量が多いと結論したが、四〇〇〇円となると贅沢もできる。パンか？　いや、クラッカーと干しプルーンか？　いや、発想がこの旅に引っ張られていて貧困だ。もっと柔軟に考えていい。ジャムでいいだろ。リンゴジャムか？　パスコのリンゴジャム（廃盤）はうまかったな。コーンフレークという手もあるぞ。温めた牛乳にフルーツグラノーラを入れて……。うーんたまらん。セブンイレブンのミルフィーユか？　そうだ、コンビニのスイーツはいいな。待て待て、コンビニの必要はないだろう。和菓子屋か洋菓子屋があったら、そっちのほうがいい。おはぎとシュークリームだ。まあまて、小屋にデポしてある鹿の胸肉を煮込んで、高級レトルトカレーと混ぜるというのはどうだ。となると、全粒粉でチャパティがほしいな。待てよ。チーズか？　北海道の白カビチーズが正解か？　そうか果物だ。となるともらったリンゴは食べちゃってもいいだろ？　餅か？　そうだ、餅と小豆だ。お汁粉ができる。和菓子屋で買い物したら四〇〇〇円はすぐに飛んでしまう、だがスーパーの安い大福なんて食いたくない。だから餅と小豆を買って……。まてよ、となると、もらった羊羹も食べて大丈夫だ。

そうか、差し入れの株が下がったというのは違う。オッサンの餞別のおかげで、逆に、株が上がったんじゃないのか。先を気にせず食べられるようになったんだ。そもそも、お金を使えるのは、楽古岳を越えて、それなりの街に着いてからだから、あと二日以上あとになる。そうだ、餞別のおかげで、差し入れの価値が上がったんだ。

二日前の自分の足跡を辿り、パンケ川林道の終点でリンゴを食べた。うまい。笹藪を漕いで峠に出て、斜面を下り、沢を下って小屋に続く林道に出た。思わずガッツポーズ。

勝った。また、勝ったぞと思うと同時に「何に勝ったんだよ？」と自分に突っ込んでいる。よし勝った、と私はよく思う。いったい何に勝ったのか？　山旅は、小さな賭けの連続で、その小さな賭けにまた私は勝ったのだ。

小屋に着くと、少し前から姿の見えなかったナツが玄関で待っていた。吊るしてあった後脚からざっくり肉塊を切り取ってやる。すぐに飲み込んでしまったので、もう一切れたっぷり肉をやった。ストーブに火を熾し、チャイを淹れる。濃いめのチャイで大丈夫だ。パンの缶詰を開け、スライスして、ストーブに載せる。焼けるまで、パンに付いていた油紙にへばりついた部分を歯でこそいで食べた。匂いからいやな予感がしていたのだが、その予感が的中した。甘ったるくてまずい。国産小麦で長期保存だが、この味付けでは台なしだ。まるで安っぽいケーキのスポンジである。

ペテカリ山荘から持ってきた餅を出して、ストーブに載せる。膨らんだら、包丁を濡らしてから、薄く切る。同じ包丁でもらった羊羹（えいようかん）をスライスし、餅に載せて食べた。うまい。ほとんどおはぎだ。眠っていたはずのナッツが目を爛々と輝かせて近づいてきた。ナッツは小豆製品が大好きだが、今回はやらない。犬に食べ物のレパートリーを気づかっても無駄だということを、昨日、おにぎりをやったときに学んだ。

今度は餅に切れ目を入れて、スライスした羊羹を挟んでみた。目をつむって食べると大福になった。うまい。井村屋の下品な甘さが逆に生きている。必要は発明の母とはこのことなり。最後に残った羊羹の切れ端をやっぱりナッツにやった。

背ロースの残りをスライスし、胸の脂を熱して、揚げるようなしゃぶしゃぶにする。ニンニク醬油につけて食べるとヤバい。旨すぎる。ナッツにはタレをつけずにやる。

明日すぐに最後の行程に出発することも考えたが、やっぱり一日休むことにした。

現金があるということ 2

朝起きて、いつものようにチャイを淹れ、パンの缶詰をゆっくり食べる（まずい）。ナツはお腹を壊したようで、昨夜二回、外に出してくれと鳴いた。この旅で犬が不調になるのははじめてである。その騒ぎで目が覚めて、夜中に鹿の胸肉煮をぜんぶ食べてしまった。食べすぎには注意していたつもりだが、朝から私も胃もたれしている。

朝になったら子鹿狙いで出猟しようかと考えていたが、その元気はなかった。殺しはもう終わりだ。膝も痛い。襟裳岬強行はちょっと身体にダメージを残してしまった。

羊羹をお湯で煮込んでみる。羊羹は溶け、お汁粉になった。残りの餅を焼く。ちょっと甘みが強いお汁粉だが、またひとつスーパーレシピが生まれた。残りご飯を鹿の脂で揚げて食べる。米は余裕ができたので、朝からご飯を炊き、おにぎりを握って、昼食にゆっくり食べた。人の手で握るというエネルギーを加えたご飯はうまい。おにぎりもにぎり寿司とおなじく究極のレシピである。

簡易風呂、洗濯、干し肉作り、掃除、荷物の整理……。スーパーカップの焼そばをいつ食べるべきか悩む。三日前には考えられなかった贅沢な悩みだ。この先も街の中で宿泊しなくてはならないかもしれないので、固形燃料を持って行くことにする。とにかく、最初に出会うセイコーマート（北海道のコンビニ）まで、食いつなげばいい。その気になればタクシーだって乗ることができるのだ。

突然、納豆とネギだと、ひらめいた。昨日、ずっと頭の中をめぐっていた食べ物の考察における自分の発想の貧困さが嘆《なげ》かわしい。納豆、ネギ、ちりめん、卵、明太子。なぜここに思考が行き着かなかったのだろうか。うーん、そうか冷凍餃子か……。

このとき突然、オレはほんとうに買い物をするのか？　という考えが電撃のように頭を貫いた。ここまできて、これまでまったく経済活動に参加しない旅を続けてきて、最後の最後にそれを破ってしまうのか、破ってしまっていいのか？

どうなのだろう……。

考えはじめると、けっこうちゃんと結論を出さないとならない問題だった。

逆に、買い物をしないで、現金を持って帰るのかと考えると、それもおかしな感じがする。餞別をくれたオッサンの顔が浮かぶ。まさか、私がここまで悩むことを予想して餞別をくれたのだろうか？　そこまで考えた悪戯《いたずら》だったのか。

宗谷岬から襟裳岬までは経済活動に参加しなかったからよしという考え方もある。もう旅は終わったことにして、買い物を容認するという発想である。苦しい弁明なことは自分でもわかる。

気になる食べ物を端から買って食べたら、オッサンの悪戯に屈した気がするし、買わずに我慢するのも余計な精神エネルギーを使っているようで悔しい。その中間というのはあるのか。少なくとも牛乳はありだな、と思った。我慢できないだけだろ、と別の自分が突っ込んでいる。となると全粒粉もありになるな（なるのか？）。バッティ（ヒマラヤで売店のこと）でちょっと食料を仕入れるようなものだ。よし、バッテリで売っているものはよしとしよう、だがそれ以上は……。

荷物を整理してみると、まだけっこうな重さだった。買い物をするにせよしないにせよ、まずはこれで楽古岳を越えなくてはならない。

楽古岳越え

チャイを淹れ、同時に米を炊いて、カップ麺をおかずに朝ご飯。薄暗いうちに小屋を出る。快晴のもと、楽古岳へ。楽古岳まで三時間。予想はしていたが、その先の広尾側の道は完全な廃道になっていた。今回の旅では、人気のない側の登山道はことごとく廃道である。

それでも多少雪があるので、少し歩きやすい。ところどころ道の痕跡が残る藪を下っていく。その痕跡を見失って藪の斜面をゴリゴリ下り、そのまま渓筋《たにすじ》に入って、滑落しないように注意しながら、凍った渓を下りて行った。傾斜がなくなって雪もなくなったが、鹿道が交差している。私でも感じられるほどに雄鹿の匂いが濃い。ナツがいなくなると面倒なので、繫いで進む。広くなったところで大きな雄鹿が立って、こちらをじっと見ていた。そっとザックを下ろす。前回の老雄が六日前なので、新鮮な肉はあっても困らない。だが、ほんとうに撃っちゃうのか？　とどこかで自問している。そっと銃を組み立てる。ナツは吠えない。雄鹿に気がついていないようだ。

顔を上げると、雄鹿はいなくなっていた。周辺を観察するが鹿の影はない。

これでよかったのだ、と思い、そのままザックを背負って前進。五〇メートルで、別の群れが走った。大小取り交ぜた鹿の群れ。きれいな雌鹿が斜面で立ち止まる。反射的に、装塡しながら銃を上げ、引き金を引いていた。丸い雌が斜面を転げ落ちて来る。ナツを放し、荷を置いて鹿のところへ。脂がたっぷりのった極上の雌だった。河原の平地を宿と決め、いつものルーティン。

翌日、鹿肉で重くなった荷物とともに、林道を里へ下りて行く。道がアスファルトになり、その先に大きなゲートがあった。そのまま、まっすぐな道を行く。人が朝の活動をはじめている。背後に日高南部の稜線が広がり、楽古岳が見える。私が下りてきたラインも見える。

黙々とただ車道を歩く。街に近づくと車道の横に歩道が現れる。野塚の街を過ぎると、歩道がなくなり、ナツが轢かれないように注意しながら、豊似の街に近づくとまた歩道が現れた。野塚にも豊似にもセイコーマートはなかった。豊似に公衆電話があり、フライト日の変更のための電話をかけようと思ったが、通じなかった。襟裳岬到着のころに吹いた強風で、どうやら、電話が一部不通になっているようだ。派出所に入ってみるが、誰もいない。

ひたすらまっすぐな道を紋別橋へ。立派な神社があり、泊まれるな、と思いながらそのまま進む。大樹はけっこう大きな街なので、車の量が増えてきた。

数キロ前から看板が出ていた道の駅コスモール大樹に入り、併設されたコープさっぽろへ。牛乳をカゴに入れようとして生クリームに変更し、全粒粉五〇〇グラムもカゴに入れる。そのあと生菓子コーナーで、おはぎとシュークリームに目が奪われ、二つずつカゴに入れてしまった。そのままレジに向かう。ほんとうに買うのか、という思いと、これしか買わないのか、という思いが渦巻いている。

オッサンの餞別がほんとうに使えるのかちょっとドキドキしながらお金を払い、コープさっぽろを出て、駐車場の隅でおはぎとシュークリームをナツと分け合って食べる。どちらも私が一個半食べ、ナツは半分だけ。これでも体重比を考えたらナツのほうが多い。

車から降りてきた女の子が、ナツを見て動きを止め「キツネ?」とつぶやいた。

「犬だよ」と言ったら、お父さんが、派手に笑った。

お店の人に公衆電話の場所を聞き、全日空に電話する。明後日の飛行機を予約した。たどり着けるかちょっと不安だったが、かといってあと三日滞在する気はない。この電話のためにテレフォンカードを二枚も持ってきたのだが、度数は四度しか減らなかった。

西に向かい、振別川沿いの林道から森に入ってタープを張った。待ちに待った生クリームチャイを淹れるが、油脂が濃すぎて正直うまくなかった。小麦粉を練って、チャパティを焼く。こっちはうまい。うまいと信じたい。

クッキーシュー

朝から空はどす黒い。だが、飛行機は明日なので、進む以外の選択肢はない。歴舟川沿いの道を北西にあがり、幕別町を横断して更別村に入る。歩くのは国道を避けた農道。今夜の宿泊地が大きな問題だ。空港に近づきすぎると野営できるところがなさそうだ。

更別村の中心地には大きな神社があり、泊まれないか観察してみる。ひと目を避けられそうなところはなく、水だけ汲ませてもらって、街の大通りを歩いていくと、洋菓子屋さんがあった。この規模の村で個人経営の洋菓子屋さんが成り立つのだろうか。

ガラス越しに中をのぞくと、注文後にクリームを入れるクッキーシューが名物だと書いてある。しかも一六〇円。ふらふらと中に入り、クッキーシューを三つ注文した。受け取ってお金を払いそのままふらふらと食べる場所を探してさまよい歩き、我慢できずに道ばたに座り込んで袋を開けた。ナツに一つまるまるやり、自分の口にもクッキーシューを詰め込む。旨い、旨すぎる。ナツもこんな旨いものが世の中にあったのかという顔をしている（ようにみえる）。残りの一個も、躊躇せずに口に放り込んだ。うまい。鳥肌が立って、震えながら涙がにじむ。

飛行機が飛ぶ明日の午後には、確実に空港に行き着けるところまで来ているのだが、泊まれそうな森が見当たらない。廃屋になった納屋もない。針葉樹の植林に入り、周囲から死角になったところを探し出して、タープを張っていたら、いちばん近い人家の犬が吠えはじめた。飼い主が見に来たら面倒なことになるが、もう場所を変える気力はない。

焚火は熾せないので、虎の子の固形燃料でまず、チャイ、チャパティを楽しんだあとに、鹿の脂身をたっぷり揚げてから、お湯を沸かし、エースコックのスーパーカップいか焼そばを鹿脂かすトッピングで食べる。とにかくもう帰りたい。

生還

翌朝は固形燃料でチャイを沸かし、チャパティを焼いて出発。

空港に着いても、まだ時間が早く、チェックインカウンターは開いていなかった。裏にまわり、従業員用の駐車場に装備を広げて干し、固形燃料に火をつけて、お湯を沸かす。残った羊羹（えいようかん）を熱湯で溶かし、餅を入れて、お汁粉。タオルと唯一の着替えであるシャツを持って、多目的トイレにナッツと入る。

洗面台にお湯が出てきた。すごい。ドボンと全身入りたいが、サイズ的に無理なので、タオルをお湯に浸して何度も身体を拭く。足の裏まで拭いたら、汚れていないシャツを着て外に出た。

開いたチェックインカウンターにナッツとザックと銃を預けた。手元にはオッサンの餞別がまだ三〇〇〇円ほど余っていた。このお金は北海道に還元すべきだと思った。手作りチーズを数種類、合計金額を計算しながら買った。地元の酪農家を支援できればと思うが、空港がかなりのマージンをかすめ取るのだろう。残った小銭で帯広空港名物、六花亭のサクサクパイを買った。異様にうまい。ナツの顔がチラリと浮かぶ。テレフォンカードの残りで、横浜の家に、今日帰ると連絡した。

機上の人となり、羽田空港でナツを回収。犬を外に繋いでくるのでケージを貸してくださいと頼むと、空港内はそのまま犬を連れて歩いてかまわないという。行きしなに律儀に段ボールにいれていたが、必要なかったのだ。飛行機は徒歩で犬と旅する旅行者にやさしい。

空港から国道三五七号に出て、西へ。公園の茂みに装備を隠して、鉄砲と雌鹿の肉とお土産のチーズだけを持って自宅をめざすことにする。

装備は明日、自転車で回収すればいい。

川崎駅前を抜けて、県道を鶴見川へ向かって歩いて行く。日は完全に沈んでいるが、街は煌々と明るい。ポケットにオッサンからの餞別がちょっと残っていることを思い出し、ひときわ明るい大型食料品店のサミットに入った。帽子を目深にかぶり、できるだけ身を小さくして、お菓子コーナーを目指す。長期山行から下りたとき、文明社会への順応として口にするジャンクフードの定番はポテトチップスのノリ塩、私は湖池屋派である。豆大福やコーラのがぶ飲みも堪らない。だがこの旅の最後は、ポリンキーのめんたいあじを食べながら歩きたかった。ところが、お菓子コーナーにポリンキーがなかった。ピックアップももちろんない。エアリアルしお味さえなく、仕方なくチェダーチーズ味を手にレジへ向かった。駐車場に繋いであったナツを回収して、鶴見川へ。広くはない道を車がひっきりなしに走っていく。袋を開けて、お菓子を口に放り込んだ。うまい。人工的なうま味とどこまでも軽い食感は、焚火で炊いたご飯と鹿背ロースの刺身に比べたら、食べ物のレベルが明らかに低い。でも、やっぱりうまい。ナツが歩きながらチラチラとこちらを見る。犬にしょっぱいものはダメというのを口実に、ひとつもやらない。

食べ終わった袋をたたみ「昨日までならいい焚き付けになったのにな」と思いながらウエストポーチに詰め込んだ。この旅も終わってしまうという寂しさがすこし。うまいものを食べ、ゆっくり風呂に入って、明日のことを心配しないで暖かい布団で眠れるという嬉しさがたくさん。楽しい人生の暇つぶしももう終わりだ。

集大成などという大げさなものではなく、ただ、個人的な引退セレモニーとして、やりたいことをちょっとやってみよう、というのが出発前の嘘偽りない本心だった。だが振り返ってみれば、できるだけ分水嶺から離れないことを目指して、野を越え山を越え歩いた北海道縦断は、私にしかできない集大成の山旅だった。トレッキング、藪漕ぎ、沢登り、雪山登り、とほぼすべての登山ジャンルが要求された。そこに食料調達と、これまでの北海道の知識と、三年訓練した犬と、グレーゾーンを気にせず行動するふてぶてしさやズボラさ、さらには自分のちょっとした知名度まで、自分に備わったすべてを駆使し利用して歩き通し、私はいまここにいる。

そう、私はいまここにいる。日ごろは希薄なこの感覚が自分のなかから湧き出してくるのは、かなり追い込んだ登山のあとだけだ。自分という存在が、いま、自分という存在を肯定している。これは快感である。

それどころか、膝の痛みは抜け、空腹で疲労はあるものの体は軽い。もう数年は全力で遊べるかもしれない、という淡い手応えまである。

この旅の体験を私は文字列にするのだろうか。無一文で淡々と歩いただけのようでもあり、面白い出来事や、旅に出なければ考えもしなかった思考に溢れていたような気もする。ただ、法律という人間社会の約束事に照らすと、黒に近い灰色な部分があったかもしれない。イタチと同じように廃屋に入り込み、雨をしのいで夜を過ごすことが人間である私には許されていない。お金を持たないという制約を自分に課し、人間社会の外に出ているつもりでも、やっぱり私は人間で、野生動物レベルの自由は許されていない。

「おまえが野生動物だったら有害獣として駆除されているだろ」ともう一人の自分がすかさず突っ込んでいる。

無銭旅行はほんとうの荒野ではない。ほんとうの荒野はもうすこし遠くにある。

鷹野大橋を過ぎたあたりで、ナツがリードを引く力が強くなった。家が近づき、自分のテリトリーに入ったことがわかったらしい。いつものジョギングコースに入り、大綱橋から住宅街に入っていく。あと一キロも歩いたら、とりあえずもう、歩かなくていい。

ちょっと長いあとがき

ここに記した北海道無銭サバイバルのための長期休暇が会社（モンベル）から許されたのは、出発四ヵ月前の二〇一九年の六月のことである。その直後に、人生に大きな転機がやってきた。前まえから気になっていた廃村の奥にある空き家（廃屋）の持ち主さんとひょんなことから知り合いになり、その家を譲ってもらえることになったのである。

明治後期に建てられたと思われるその民家は、母屋の建坪が一五坪（間口六間奥行二間半）で、五坪が土間、一〇坪が板の間、そこに四畳ほどの縁側がついたかわいい造りだった。全体的に傾いた家屋は、中がゴミ屋敷のようになっていて、壊れたテレビが四台、冷蔵庫が二台、洗濯機が一台、石油ストーブが四台、ベッドが三台転がっていた。まずはそれらと、昭和の残骸ともいえる雑貨をすべて捨てた。四トントラック積み放題六万円という廃品回収業者を呼んで、とにかく積めるだけ積んだが、「積み放題」という触れ込みは過剰宣伝で、ブラウン管テレビの処理代などが加算され、最終的にトラック一台に一一万円払った。

水は沢から引き、炊事は薪、トイレは野糞、風呂は五右衛門風呂。畑は周辺の空き地を自由に使ってよく、家の周りには栗の大木が一〇本ほど生えていた。畑までは手が回らないが、タケノコや山菜などは少しあり、その生活は、ほとんどサバイバル登山、いや、サバイバル定住といってよかった。

かつて、山里の狩猟チームに加えさせてもらって、村に泊まり込みで猟をしていたとき、有志の会議にゲストとして呼ばれたことがある。「どうすれば村に観光客が来てくれるのか」というのが会議の議題で、私に期待された役割は、街の人間の視点から意見を述べることだった（と私は理解した）。

当時は三〇代半ばだったので、いま思うと生意気なことを言ってしまった。

「街に住んでいる人間は、山沿いの村に来て、自分たちが街でやっているのと同じ生活を見たり、体験したりしたいわけではない。でも、村の人たちは都会と同じ生活を村でもしたいと思っている。まず、村民が山里の生活に誇りをもって楽しまないと、街から来た人は田舎に魅力を感じないと思う——」

それは街の人間代表というより、私の個人的な思いだった。水は山から流れ、薪も豊富にある。ライフラインがほぼすべて自給でき、生活が自立循環しているのが田舎の最大の魅力なのに、村の人たちは都会的な消費と都会的な便利を求めていた。

いつか、自分が（手間はかかっても）自立循環した生活をしてみたいと思っていた。サバイバル登山の山里永住バージョンである。私の登山は最初からそこに向かっていたのかも知れない。

廃村の廃屋を手に入れたということは、夢見ていたものが目の前に揃ったと言うことだった。心の奥で、財布を持たずに北海道を三ヵ月もうろついている場合じゃないんじゃないか……とつぶやいている自分がいた。

とはいえ体力が落ちる前に北海道の無銭徒歩旅行はやっぱりやっておくべきだろうとも思った。その旅で死んでしまったら、夢見た廃村サバイバルができなくなってしまうが、それはまたそれである。生き残ったらこんどこそ山奥の古民家に引っ込んで、隠居すればいい。

ペテカリ山荘から楽古山荘に向かっている途中の宿泊地で、唐突に、水源に設置した水受け（風呂桶）に蓋をしてこなかったことに気がついた。落ち葉が詰まったら、苦労して設置した水道を最初からすべてやり直さなくてはならないかもしれない。以降、ときどき思い出しては「水源大丈夫かな」と心配していた。心配したところで状況が好転することはないのに、人間の思考とは不思議なものである。

この廃村生活の始まりからある程度軌道に乗るまでの活動は、『お金に頼らず生きたい君へ』という中学生くらいを対象にした本に書いた。時系列は、本書に記した北海道無銭サバイバル二〇一九のほうが前になるが、山行記を山岳雑誌「岳人」にゆっくり連載していたことと、私の怠慢と、版元の催促が『お金に頼らず……』のほうが厳しかったこともあって、刊行の順番が逆転してしまった。

引退セレモニーのつもりで挑んだ無銭サバイバルは、実際にやってみると（本稿にも書いたように）これまで積み重ねてきたことの集大成ともいえる旅だった。何より必要なのは、人里のはずれの森の中で、こっそり夜を過ごし、何食わぬ顔でまた歩き出す図太さかもしれない。松尾芭蕉、小林一茶、種田山頭火や山下清、フィクションでは椿三十郎などなど、それぞれをよく知っているわけではないが、残された作品を見ると旅人が野宿をしたり、村はずれのお堂や納屋などで夜を過ごさせてもらうのは、それほど珍しいことではなかったはずだ。だが最近は、そんな旅人は、肩身の狭い思いをしなくてはならなくなった。

帯広空港から横浜に戻り、一息ついてから、廃村に出向くと、心配したとおり水は止まっていた。だが詰まったり壊れたりしたわけではなく、落ち葉を掃除したらすぐに水道は開通した。そして、出発前からの計画どおり、廃村で自給生活するための準備を私はゆっくり整えはじめ、そこに新型コロナウイルス騒動がやってきた。廃村にはなぜか電話線（光ファイバー）が通っていたので、コロナ騒動で一般的になったテレワークのおかげで、廃村に滞在しながら雑誌編集業務をこなせるようになった。コロナは私にとってありがたい病原菌だった。

そんな廃村生活を少しずつ進めているところに「国際芸術祭あいち２０２２」から、石川竜一と組んでなにか作品を出展しないかという話が飛び込んできた。二〇一五年から芸術系の写真を志す石川竜一とときどき旅をしている。旅の途上の馬鹿話で、「山旅は表現活動なのだ」と私なりに主張していたが巡り巡って、現代アートのメジャー展覧会に呼ばれることになったのである。

無銭旅行は面白いし、心配していたより歩けるし、ナツも喜んでいるし、私にとっては私にしかできない自己表現でもある。芸術祭に何を展示すべきかは、石川竜一との間で穏やかなすったもんだがあったものの、結局、二〇二一年の秋に芸術祭に展示する山旅として竜一くんとナツと私という二人と一匹で、渡島半島（白神岬から新千歳空港）をひと月、財布を持たずに旅をし、それを作品に変換して国際芸術祭に展示した。これらのことは『いのちのうちがわ　B面』という写真詩集に書いてある。

廃村での自給生活はほとんどお金がかからない。自給なのだから当たり前である。三人の子どもたちも大きくなって教育費にめどが立ち、会社勤めをするのが馬鹿らしくなって、会社員であることを辞めた。ただ、そんな私のわがままを、「岳人」編集部とモンベルは温かく受け入れてくれ、変わらず編集メンバーの一人として加えていただき、山岳雑誌作りを手伝っている。現在、生活する時間の割合は、廃村五割、横浜の自宅三割、山を旅しているのが二割という感じだ。

その二割の山旅で北海道の大雪山系に赴き、とある無人開放小屋に泊まっているときに「この小屋を拠点にしたら二〇二一年の渡島半島無銭サバイバルの続きができる」というひらめきがやってきた。

また余計なことに気がついてしまったな、と自分にあきれつつ、ちょっとワクワクしながら、仲間に「続きをやってみようかなと思っている」と話したら「日程を空けておきます」と返ってきた。

というわけでこの秋に新千歳空港から知床岬まで財布を持たずに仲間と歩く計画がやんわりと進んでいる。全行程で五〇日ほどの予定である。五〇日も廃村生活を留守にすると、農作業を中心に生活が分断され、また、回り出すまでに時間がかかる。だが今やっておかなければそのままになってしまいそうな旅なので、行ってみようかなと思っている。

二〇二三年七月末の暑い横浜

服部文祥

著者略歴

(はっとり・ぶんしょう)

登山家，作家．1969年横浜生まれ．94年東京都立大学フランス文学科とワンダーフォーゲル部卒．大学時代からオールラウンドに登山をはじめ，96年カラコルム・K2登頂（南南東リブ），97年の冬から黒部横断をおこない，黒部別山や剱岳東面，薬師岳東面に初登攀ルートが数本ある．99年から食料を現地調達するサバイバル登山をはじめ，2005年からは狩猟もはじめる．現在は，生活の拠点を都会から山の廃村の古民家に移しつつ，狩猟，畑作の生活を送る．
著書に『サバイバル登山家』『狩猟サバイバル』『ツンドラ・サバイバル』（以上みすず書房），『百年前の山を旅する』『息子と狩猟に』（以上新潮文庫），『サバイバル登山入門』『アーバンサバイバル入門』（以上deco），『増補 サバイバル！』（ちくま文庫），『サバイバル家族』（中央公論新社），『You are what you read. あなたは読んだものに他ならない』（本の雑誌社），『お金に頼らず生きたい君へ』（河出書房新社）など．2016年『ツンドラ・サバイバル』で梅棹忠夫・山と探検文学賞受賞．

服部文祥

北海道犬旅サバイバル

2023年 9月11日　第1刷発行
2024年 3月 1日　第3刷発行

発行所 株式会社 みすず書房
〒113-0033 東京都文京区本郷2丁目20-7
電話 03-3814-0131(営業) 03-3815-9181(編集)
www.msz.co.jp

本文組版 キャップス
本文印刷・製本所 中央精版印刷
扉・表紙・カバー印刷所 リヒトプランニング

Printed in Japan
ISBN 978-4-622-09653-5
[ほっかいどういぬたびサバイバル]
落丁・乱丁本はお取替えいたします